호텔 대신
집에
체크인합니다

· CHECK IN ·

호텔 대신
집에
체크인합니다

해리어트 묄러 지음
이덕임 옮김

나의 일상에 집중하는
공간 탐험 비법

애플북스

목차

1

외로운 행성에서

사라예보로 향하던 프란츠 페르디난트Franz Ferdinand 대공은
자신이 탄 열차가 한쪽 바퀴 축 과열로 멈춘 것을 알고는 말했다.
"이번 여행은 정말 재미있을 것 같군!"

방랑벽이
타오르는 날에

행복은
그대가 없는 곳에 있다.

——— 프란츠 슈베르트

겨울이 너무나 길었던 탓에 가벼운 티셔츠 차림으로 도시를 활보했던 기억은 희미해졌고 봄도 아득히 멀었다. 다시 산야를 거닐 상상을 할 수 없을 만큼 차갑고 축축한 2월 어느 날 여행사 앞에서 집에 머물기에 대한 책을 쓰기 시작하는 건 아마도 좋은 생각이 아닐 것이다. 꿈의 공간이 살짝이나마 남아있는 사람이라면 방랑벽이 불타오를 수밖에 없는 날에 굳이 그런 책을 시작할 필요가 있을까.

나는 가끔 내가 사는 베를린이 독일 동부가 아니라 시베리아 서쪽이라고 농담 삼아 말하곤 한다. 이곳에서는 겨울이 아홉 달 정도 이어져 늦어도 2월쯤이면 겨울이 언젠가는 물러갈 것이라는 믿음도 슬슬 사라지기 마련이다. 동네에는 가로수인 포플러나무가 망자의 군대처럼 늘어서 있고, 여름이면 이웃들이 정성스레 돌보던 나무 화분 속 패랭이꽃과 양치류가 시들어 널브러져 있으며, 잔뜩 낮게 드리워진 하늘이 어깨를 짓누른다.

흐린 하늘 아래서 느닷없는 방랑벽을 느꼈던 지난 2월에는 겨울이 특히 더 음울했다. 아들을 출산한 이래로 바깥의 추위에서 벗어날 길이 없었기 때문일 것이다. 아기는 좀처럼 자기 침대에서 자려 하지 않았고 새벽 5시면 종종 잠에서 깼다. 그 바람에 나는 새벽에 첫 산책에 나설 수밖에 없었고 그 끔찍이도 추웠던 산책길에서 마침내, 마침내, 마침내, 드디어 꿈의 나라로 미끄러져 들어갔다.

그 겨울을 결코 잊지 못할 것이다. 유모차를 끌고 빙판이 된 인도 위 얼음 조각을 밟으며 꽁꽁 언 도시를 터벅터벅 지나가던 날들, 얼어붙은 개똥 더미와 거무튀튀하게 그을음이 앉은 눈 무덤, 장식용 반짝이가 달린 채로 버려진 크리스마스 트리를 지나쳐 걷던 길. 아무리 두꺼운 털모자를 눌러써도 스며들던 추위를 잊을 수 없다. 걸음을 내디딜 때마다 내 발밑의 얼음 조각이 바스러졌고 내 모든 숨결은 허공 속에 잠시 하얗게 멈췄다가 사라졌다.

그해 겨울 내겐 하루에 한 번 살짝이나마 이탈리아의 분위기를 느끼려는 습관이 생겼다. 새벽 산책이 끝난 후 길모퉁이에 있는 조그마한 이탈리아 식품 전문점인 살루메리아에서 카푸치노 한 잔과 파니노(이탈리아식 샌드위치)를 즐기는 것이었다. 가게를 운영하는 시칠리아 출신의 가족이 마음에 들었다. 가장인 니뇨는 매일 아침 신선한 채소 상자를 부엌에 들여놓고 최상의 안티파스토(이탈리아식 전채 요리†)를 만들어 냈고, 그의 아내 마리아는 언제나 내 접시에 여분의 쿠키를 얹어 주었다. 부부의 두 아들인 카르멜로와 살바토르는 기꺼이 나와 잡담을 나누었을 뿐 아니라 매일 나를 한계 상황까지 몰고 가는 우리 아기를 무척 열정적으로 환대해 주어서 우울감에 시달리는 나 자신이 부끄럽게 느껴질 지경이었다.

하지만 올해 2월 아침, 나는 살루메리아에 미처 도달하지 못한 채 한 여자의 그을린 다리와 하얀 모래사장 그리고 비췻빛 바다 앞에서 멈추었다.

살루메리아 바로 옆에 작은 여행사가 있었는데, 그전까지 눈길도 주지 않던 곳이었다. 나는 한 번도 여행사 카탈로그를 보고 여행을 예약한 적이 없었다. 나이가 좀 더 젊었을 때는 바람 부는 대로 기약 없이 어디든 떠나는 타입이었다. 나이 들어서는 언제나 온라인으로 여행을 예약했고, 추천받은 장소나 초대받은 곳을 여행하기를 즐겼다. 여행사에서 제시하는 여행 코스는 일광욕 의자와 저녁 식사가 하나로 묶인 패키지 여행의 냄새가 풍겼다.

그런데 2월의 그날, 나는 몰디브에서 보내는 14일 동안의 휴가를 선전하는 광고판 앞에 느닷없이 멈추어 선 것이다. 여행에는 항공권과 5성급 이상 호텔 숙박권까지 포함되어 있었다.

14일
5성급 이상 호텔
몰디브

솔직히 말하면 나는 해변에서 휴가를 보내는 타입이 아니다. 비치 타월을 깔고 오랫동안 누워 있기 불편한 데다 태양은 너무 뜨겁게 느껴지고 나중에 까진 피부를 벗겨내야 하는 것도 귀찮았다. 게다가 몰디브를 여행지로 선택하는 게 나로서는 이상하기만 했다. 섬 한 바퀴를 도는 데 걸리는 시간이 국회의사당 한 바퀴 도는 것보다 더 짧은 섬에서 굳이 14일이나 지내고 싶어 할 사람이 어디 있단 말인가?

하지만 나는 걸음을 멈추고 유모차를 밀며, 따뜻한 모래밭에 늘어지게 누워 있는 여자의 멋지게 그을린 피부와 날씬한 팔다리를 바라보았다. 내 몸을 느껴 보고 싶었다. 내 두 다리를 마지막으로 눈여겨본 것이 언제였던가? 지난 몇 주 동안 나는 아침이면 울로 만든 긴 내복을, 저녁에는 체크무늬 플란넬 잠옷을 허겁지겁 챙겨 입기 바빴다. 하루가 잿빛으로 빠르게 흘러갔고 공기와 햇빛을 느끼지 못한 채 해야 할 일들을 해치웠다.

나는 먼 지평선을 바라보았다. 바닷소리가 들려오는 것 같았다. 반짝이는 파도가 모든 것을 씻어 내리는 광경을 떠올렸다. 거의 일상이 되어 버린 납덩이같은 피로, 며칠이고 따라다니는 나 자신의 부족함에 대한 자책, 지난 몇 달 동안 몸에 배어 있던 추위. 나는 따뜻하고 고운 모래 속으로 열 발가락이 파고들어 가는 상상을 했다.

사실, 불과 몇 주 전에 남편과 나는 앞으로 여행을 자제하기로 했었다. 그때까지만 해도 우리는 항상 어딘가로 떠나는 부류에 속했다. 여름이면 남티롤이나 코르시카섬 혹은 마르세유로, 봄에는 팔레르모나 팔마로, 늦은 가을이면 아를이나 남아공 아니면 나미비아 공화국으로 여행을 떠나곤 했다. 크리스마스는 브루게나 탈린에서, 새해 전야는 우커마르크에 있는 집에서 보냈으며 쾰른에서 카니발을 즐겼고 부활절은 카프리섬에서 보냈다. 사흘간의 연휴가 있을 때마다 우리는 주저하지 않고 항공권을 검색했다. 어쨌든 그것이 삶의 일부였고 그걸 원했으며, 그 정도의 여유를 누릴 수 있었기 때문이다. 세상이 우리에게 열려 있다고 느꼈기에 그것을 당연하게 받아들이고 여행을 했다. 돌아와서 들려줄 얘기가 있는 것이 좋았다. 게다가 여행은 사회적으로도 온당한 일이었다. 나는 어려서부터 여행이란 배움이라고 배웠다.

그냥 집에서 휴가를 보낸다고? 아니면 며칠 동안 집에서 쉰다고? 그런 생각은 평생 한 번도 해 보지 않았다. 하지만 이제부터는 여행을 하더라도 많은 부분을 자제하기로 합의했다. 어느 정도만이라도.

아예 휴가 없이 살고 싶은 것은 아니었다. 그저 별 이유나 생각 없이 비행기에 오르지 않기로 결정했을 뿐이다. 앞으로는 정말로 여행이 필요한지, 기후 친화적으로 여행할 수 있는지를 좀 더 곰곰이 따져 보기로 한 것이다.

하지만 2월의 그날, 바깥이 너무나 추워서 낡은 건물의 유리창 곳곳에 얼음 꽃이 핀 광경을 보고, 나는 비상사태가 다가왔음을 직감했다. 여행을 가야겠다. 어떻게든 여기서 나가야겠어!

그렇다, 방랑벽이 도진 것이다! '방랑벽Fernweh' 즉, 어디론가 떠나고 싶은 기분을 모르는 사람은 아마 없을 것이다. 하지만 그리 오래된 단어는 아니다. 1930년에 '역마살Wanderlust'이라는 단어가 사전에 처음으로 등장했는데, 더 오래전에 등장한 '향수Heimweh'라는 단어의 동의어로 사용되었다. 사실 두 단어가 설명하는 감정은 그리 다르지 않다. 모두 외부가 아니라 내면의 감정에 초점을 맞춘다. 고향을 그리워하는 사람이라면 누구나 현실보다는 이상적인 공간을 동경한다. 마치 돌아갈 집이 없는 듯 외롭고, 친구와 가족에 둘러싸였던 한때가 그립다.

방랑벽에 시달리는 사람은 그저 다른 장소로 옮겨가기만을 원하는 것이 아니다. 물론 우리는 이국의 시장에서 맡는 매혹적인 냄새와 알아들을 수 없는 외국어의 일렁거리는 멜로디를 그리워한다. 또 더 활기차고 더 긴밀하며 깊숙이 세상을 느낄 수 있는 대도시의 혼란을 그리워한다. 아니면 인적이 드문 풍경을 그리워한다. 그러나 사람들이 어원이 더 오래된 '역마살'이라는 단어보다 '방랑벽'이라는 단어를 더 많이 사용하는 것은 어떤 결핍과 고통, 불안함을 묘사하고 있기 때문이다. 우리는 울로 짠 겨울 내복을 벗는 것을 넘어서서 일상 속의 다른 삶을 갈망한다. 다른 하늘, 다른 태양 아래서 우리를 둘러싸던 모든 것이 녹아내리고 본질적인 나 자신이 드러나기를 갈망하는 것이다.

사람들이 소중한 휴가를 이용해 자동차, 기차 또는 비행기를 타고 세계에서 가장 황당한 장소나 거대한 도시 또는 모기 떼가 우글거리는 핀란드 호수를 여행하는 데는 분명 여러 이유가 있다. 휴식을 취하고 싶은 욕구, 자신의 지평을 넓히고 싶은 욕구, 세상을 보고자 하는 욕구 때문일 수도 있다. 하지만 여행의 가장 큰 이유는 방랑벽이라고 믿는다. 우리는 도시의 공원에서 산책하고 돌아와 목욕하며 휴식을 취할 수 있다. 또 텔레비전으로 멋진 풍경이 나오는 여행 프로그램을 보면서 세상 곳곳을 더 잘 볼 수도 있다. 흥미로운 책이나 박물관의 전시회도 교양에 대한 우리의 갈망을 잘 채워 줄 수 있다.

하지만 다른 곳에서 뭔가 다른 것을 경험하고 일상적 자아를 벗어 버리고 싶은 갈망, 그 욕망을 아무래도 내팽개칠 수 없다. 그것은 수많은 사람이 가진 본질적인 욕구로, 궁극적으로는 우리 안에 살고 있는 이질성을 발견하고자 한다. 독일인도 정확성과 꼼꼼함, 기능성 의류와도 같은 독일인 특유의 사고방식을 벗어나고 싶어 한다. 휴가지에서 우리의 변신을 끊임없이 방해하는 자국인 관광객들을 만났을 때 왠지 모를 비애를 느끼는 것은 그리 놀라운 일이 아니다. 이들이야말로 우리의 실제 모습을 계속해서 깨우쳐 주기 때문이다.

하지만 모든 인간의 내면에는 파리의 화려함이 존재하지 않을까? 일단 파리의 마레(파리 3구에서 4구에 걸쳐 있는 지역*)강을 한번 건너가 보자. 누구나 대도시의 코스모폴리탄이 될 수 있지 않은가? 뉴욕으로 가자! 시칠리아인의 자부심과 덤덤함을 뽐내 보는 것은 또 얼마나 멋진 일인가. 팔레르모로 날아가 바다가 보이는 테라스에 앉아 시칠리아산 화이트와인을 한 잔 마시면 될 일이다!

두터운 거위 털 파카를 걸치고 눈 밑에는 눈 그늘이 잔뜩 낀 초보 엄마 말고, 내 안에 다른 사람이 숨어 있지 않을까? 과거의 나 말이다. 아기를 재우느라고 얼마나 침대를 흔들어댔던지 저녁이 되어 아기가 잠든 뒤에도 마치 환자처럼 부엌 의자를 흔드는 반쯤 얼빠진 여자가 아니라, 느긋하고 우아하고 흥미롭고 지혜로우며, 보다 모험적이고 예지력 있던 그런 사람 말이다. 내가 정말로 그런 여자였던가?

물론 나는 여행사 안으로 들어가지는 않았다. 첫 아이가 태어난 후에도 내 안에 개인 여행자로서의 자아가 무척 강하게 남아 있었기 때문이다. 하지만 갈망은 그리 쉽게 가시지 않았다. 나는 몇 주 전에 읽은 영어 잡지 기사가 머릿속에 떠올랐다. 다행히도 잡지를 찾았고 내가 떠올린 기사도 바로 펼쳐졌다. 포르투갈 남서쪽의 리스본과 알가르브 사이에 있는 지역에 대한 기사였다. 그곳은 아직 관광지로 개발되지 않았지만, 근사한 해변과 훌륭한 생선 요리 식당들, 다듬어지지 않은 풍경 그리고 단순한 석조 가옥이 펼쳐져 있었다. 노트북을 열고 지명을 검색했다. 알렌테주.

우리는 다시 비행기를 타지 않기로 합의하며, 앞으로 여행을 할 때는 아기도 데려가기로 했다. 물론 말도 안 되는 소리였다. 하지만 컴퓨터 모니터에 나타난 가파른 절벽과 하얀 물거품이 튀어 오르는 해안은 내 방랑벽을 자극했고 발갛게 타오르는 혀로 일상의 걱정거리를 모조리 집어삼켜 버렸다. 나는 남편에게 전화를 걸어 내 생각을 말했고, 남편은 열렬히 동조하며 여름에 여행을 갈 수 있도록 신속하게 업무를 끝내기로 했다. 아직 한참이나 남았지만 우리는 행복했다. 그때쯤이면 아기도 최악의 상태는 벗어날 것이다.

우리는 에어비앤비를 통해 한때 방앗간이었던 낡은 건물을 건축가가 단순하고 현대적으로 개조한 자그마한 휴가용 오두막을 발견했다. 베를린 시민이라면 누구든 바라듯이 바닥에서 천장까지 창문이 달려 있고 고풍스러운 시멘트 타일도 깔려 있었다. 그 집은 작은 강과 계곡 위에 자연스럽게 흩어져 있는 여러 오두막 중 하나이기도 했다. 강 언저리에는 카펫과 소파가 놓였고 카누가 딸린 모로코 텐트를 빌려 쓸 수도 있었다. 집주인이 매일 아침 신선한 빵을 가져다주고, 요가 강사가 일주일에 한 번씩 풀장으로 온다고 했다. 게다가 불과 몇 킬로미터만 가면 아이들이 뛰어놀기에 안성맞춤인 환상적인 모래사장이 펼쳐져 있었다.

풀장 옆에서 하는 요가 수업이라니! 지난 몇 달 동안 산후 체조조차 겨우 했던 나에게 그것은 마치 구원의 약속과도 같았다. 나는 파로행 항공권을 3장 예약하고 렌터카를 구했으며 우리가 배출할 1.7톤의 이산화탄소에 대한 보상으로 아트모스페어Atmosfair(독일의 환경 문제 연합 비영리단체+)에 기부하기로 했다. (우리는 적어도 그 정도는 환경에 대해 인식을 하고 있었다.) 근처의 여행 전문 서점에서 가끔 훑어보던 두꺼운 여행 안내서를 샀다. 심심할 때면 대형 온라인 상점의 수영복 코너를 열심히 클릭하기도 했다.

나는 여전히 두꺼운 파카를 껴입은 채 유모차를 끌고 눈 덮인 인도를 산책했다. 하지만 여행 계획을 세운 이래로 내 삶이 전처럼 답답하게만 느껴지지 않았다. 베를린의 하늘도 더는 그토록 잿빛으로 암울하게 느껴지지 않았다.

가끔 그지없이 고즈넉한 막다른 골목길을 오르내리면서, 승객을 기다리고 있는 비행기를 타러 가는 기분이 어떨까 상상해 보았다. 아직도 수시로 앙앙거리는 젖먹이가 내 품 안에 안겨 있지만 여름 즈음에는 걸음마를 시작할지도 모른다. 렌터카를 타고 해안가를 따라 예쁜 오두막집으로 가는 우리의 모습을 상상했다. 어느덧 살갗 위로 포르투갈의 태양이 와 닿는 것 같았고 잠시 후 다시 내 소유가 된 몸 위에서 반짝거리며 흩어지는 대서양의 상쾌한 파도 소리를 느꼈다.

기대가 실망으로
변했던 기억

땅은 물밑에서도
이어진다.

―――――― 루트비히 펠스

포르투갈에서 돌아온 지 며칠이 지나 맞은편 아파트에 사
는 이웃을 만났다. 휴일을 어떻게 보냈느냐는 그녀의 질문에
나는 조용하고 푸르른 계곡과 그 사이로 속삭이며 굽이쳐 흐
르는 어두운 강, 계곡이 끝나자 갑자기 넓고 하얀 모래사장이
펼쳐지면서 강어귀가 대서양으로 합쳐지는 장관 등을 얘기했
다. 시골길의 아주 소박한 레스토랑에서 맛본 갓 잡은 물고기
로 만든 식사와, 산으로 둘러싸인 척박한 지형을 뱀처럼 휘감
아 도는 도로, 포르투갈의 타는 듯 뜨거운 오후 태양 빛 아래

서 짚 모자를 쓴 채 곡괭이로 좁은 경작지를 파던 그을린 얼굴의 현지인들…. 베란다에서 즐기던 소박하지만 맛있는 저녁 식사와 계곡이 한눈에 내려다보이는 수영장 테라스 위에 어른거리던 열기에 대해 이야기했다. 게다가 그녀의 남편이 와인 애호가였으므로 환상적인 포르투갈산 화이트와인 이야기도 빠질 수 없었다. 독일에선 찾기 힘든 환상적인 품질의 와인을 그곳 슈퍼마켓에선 쉽게 살 수 있었다.

몇 달 전부터 이웃과 나눈 이야기의 주제라고는 아기의 수면 패턴이나 신생아 용품, 이유식밖에 없었던 터라 여행 얘기를 하다 보니 내가 다시 진짜 사람이 된 것 같았다. 직장 생활을 하며 저녁이면 외출을 하고 아이 키우는 사람들과는 어울리지 않던 과거의 나로 돌아간 듯한 느낌마저 들었다.

내 목소리는 예전의 나와 흡사했다. 그런데 내가 거짓말을 한 것일까? 물론 아니었다. 내가 이웃에게 한 말은 모두 사실이었다. 근사한 휴가였다. 포르투갈은 훌륭했고 알렌테주는 내가 가 본 가장 아름다운 장소 중 하나였다. 하지만 그 모든 사실은 여행의 일부에 지나지 않았다.

우리의 두뇌는 언제나 현실과 기대 사이에서 타협점을 찾는 경향이 있다. 와인도 휴가지에서 마실 때 풍미가 특히 더 뛰어나고, 수많은 사람의 품평을 받은 값비싼 아리엘 식기 세척기를 값싼 탄딜 식기 세척기보다 훨씬 성능 좋게 느낀다. 그런 부분이 내 기억 속에 자리 잡은 것이다.

언젠가 앙겔라 메르켈 총리가 독일이 특히 좋은 이유가 창문이 잘 닫혀서라고 말한 적이 있다. 나는 항상 그 말을 비웃었지만, 포르투갈 남부에 있는 강을 낀 계곡에서 비로소 이해했다. 알렌테주 여행에 대한 진실도 그와 같았기 때문이다. 건축가가 지은 집은 마치 취미로 목수 활동을 하는 이가 만든 것 같았다. 주방 기구라고는 달랑 두 구인 화덕과 에스프레소 커피 기계밖에 없었다. 냄비와 칼도 없고 문은 제대로 닫히지 않았으며, 밤이 되면 무척이나 밝은 LED 조명이나 촛대에서 타오르는 빛 중 하나를 선택하거나 칠흑 같은 어둠 속에 갇혀 있어야 했다. 눅눅하고 차가운 침실에서 침대 매트리스를 들어 올리자 곰팡내가 확 풍겼다. 식탁에는 몸을 조금만 젖혀도 뒤로 발라당 넘어가는 불편한 의자만 놓여 있었다.

아이가 없었다면 이 중 어느 것도 그다지 비극적이지 않았을 것이다. 저녁이면 식당에서 식사하고 밤에는 피곤한 나머지 집안의 세부 상황에 주의를 기울일 새 없이 침대에 들었을 테니까. 하지만 우리는 20킬로미터 가까이 떨어진 슈퍼마켓에 가서 제대로 된 식자재를 사와 먹을 만한 식사를 만들어 먹느라고 저녁마다 고군분투했고, 침실 문이 잘 닫히지 않는 바람에 아기가 잠에서 깰까 두려워 불빛도 없는 테라스까지 발끝으로 걸어가 어두운 촛불 아래서 저녁을 먹어야 했다.

지난 몇 달 동안 아들은 잠버릇이 점점 나빠져서 이제는 잠을 거의 이루지 못했다. (우리도 마찬가지였다.) 정말로 훌륭한 와인에 취했지만 조악한 색을 입힌 아이스크림 모양의 잔에 와인을 따라 마셔야 했다. 강 위의 무성한 초목 사이에서 밤마다 모기들이 거대한 편대를 이루며 솟아올라 덤벼들었다. 우리는 아기 쪽에서 조그만 소리라도 들려올까 싶어 목소리를 낮추고 숨을 죽였다.

그런 밤이 이어졌다. 아들이 이따금 낮잠에 빠져드는 유일한 장소인 차 안에서 우리는 대부분의 시간을 보냈다. 운전하는 동안 침묵한 건, 한편으로는 아이가 깰까 봐 두려웠고 다른 한편으로는 그즈음 온갖 일로 다투어 서로 얘기를 나누고 싶은 마음이 손톱만큼도 일지 않아서였다. 우리가 그토록 저기압이었던 것은 수면 부족 탓도, 우리를 지치게 하는 아기 탓도 아니었다. 단순히 장소만 바꾼다고 해서 우리가 다른 사람이 되지는 않는다는 사실을 깨달았기 때문이다. 베를린에서 느꼈던 피로감이 휴가 중이라고 해서 순식간에 사라지는 것은 아니었다. 우리가 이 여행에서 소망했던 것은 무엇이었을까? 우리는 어머니와 아버지가 되었고 어디로 도망가더라도 그 사실은 그대로일 것이다. 벨리즈든 바르셀로나든 베를린이든 어디에서도 우리는 새로운 역할에서 벗어날 수 없었다. 삶 전체가 변했으니 새롭게 적응해야 했지만 겨울 파카를 벗어 던지듯 가볍게 떨쳐 버릴 수 없었다.

해외여행을 가야만 자신을 발견하는 것은 아니다. 진정한 나는 여행 가방 안에 이미 들어 있다. 사실 우리는 알고 있다. 외딴 휴가지에서 직장 일에 대해 걱정해 보지 않은 사람이 있을까? 머나먼 호텔의 스파에서 마사지를 받으면서도 스트레스 때문에 느긋하게 즐기지 못한 경험을 하지 않은 사람이 있을까? 함께 보낸 첫 휴가의 고단함으로 인해 그토록 위대하게 여기던 사랑을 견디지 못한 연인이 왜 없겠는가? 아무리 멀리 가더라도 벗어날 수 없다. 그런데 왜 항상 여행만을 갈망할까? 그냥 집에서 우리가 가진 것을 최대한 활용해 보는 건 어떨까?

베를린 미테 지역의 수면 상담사와 상담하고 나서 달콤하고 긴 잠을 자게 된 지도 오래인데 포르투갈 여행의 여운은 내 팔다리에 여전히 남았다. 우리는 갓난아이 문제로 좁은 울타리 속에 갇힌 채 싸우기만 한다면 끝내 불행해질 뿐이라는 사실을 깨달았다. 그리고 새로운 삶을 순순히 받아들이기로 한 뒤 마침내 화해했다. 그 뒤로도 한동안 여행의 기억은 내

몸속에 남았다. 아들은 보육 시설에 점차 적응했고, 휴가 때 얼굴에 생긴 섬세한 선탠 자국도 오래전 사라졌지만 여행의 여파는 좀처럼 사라지지 않았다.

카메라로 찍은 휴가 사진을 노트북으로 옮겨서 보기 쉽게 편집한 뒤, 죽 훑어보다가 마침내 여행의 여파가 사라지는 것을 느꼈다. 갑자기 그 휴가가 꽤 멋진 시간이었다는 느낌이 들었다. 계곡을 굽이쳐 흐르는 강 사진들은 근사했고 커다란 창문과 오래된 타일로 이루어진 집은 아름다웠다. 젤리를 물고 있는 아기는 또 얼마나 귀여운지. 게다가 대서양의 해변 또한 얼마나 장관인가!

세상을 바라보는
시각에 대하여

『오블로모프』의 저자 이반 곤차로프는
선장이 부르는 소리에 선실 밖으로 나와 폭풍우가
휘몰아치는 바다의 놀라운 풍경을 보며 중얼거렸다.
"흠, 어처구니없군. 말도 안 돼!"
그리고는 다시 아래로 내려갔다.

———— 토머스 만

학생 때 나는 뭔가 흥미로운 것을 보고 싶으면 미술 수업 시간에 교재로 쓰던 『카머로어Kammerlohr』를 펴고 고작 우표 크기밖에 안 되는 흑백 삽화들을 들여다보았다. 이것들은 이후에 본 어떤 멋진 전시회의 예술 작품보다 그림과 건축에 대한 나의 열정을 더 크게 불러일으켰다. 책 62쪽 고전주의 편에는 요제프 안톤 코흐Joseph Anton Koch가 1821년에서 1822년 사이에 그린 「슈마드리바흐 폭포Schmadribachfall」라는 그림이 실려 있었다. 열여덟 살도 안 된 나이에 나는 일종의 전율을 느꼈다. 이렇듯 이상화된 산악 풍경을 보면 나도 모르게 소름이 돋았다. 진실을 담아내려고 하지 않고 그저 더욱 숭고하고 완벽하며 위대한 어떤 것을 표현하는 예술 작품을 만들고자 하는 게 얼마나 터무니없고 잘못된 생각인가.

하지만 이제는 코흐의 접근법이 실제로 꽤 널리 퍼져 있다는 것을 인정한다. 나 역시 시야를 가리는 성가신 매점이나 다른 관광객을 피해서 환상적인 그림이 나오도록 사진을 찍다가 허리가 꺾일 뻔한 적이 있지 않았던가? 덜 완벽해 보이는 사진은 삭제하고 나머지 사진들은 실제보다 더 다채롭고 강렬하고 흥미롭게 보이는 필터를 넣어서 환상적인 그림을 만들려 하지 않았는가? (필터 이야기: 18세기 초부터 사람들은 세상을 밝히는 기구를 이용하기 시작했다. 특히 영국에서는 사람들이 소풍 장비로 일종의 휴대용 필터를 들고 다녔는데, 이른바 '클로드 유리Claude glass'라는 회색빛의 작은 볼록 거울이었다. 거울 속의 풍경은 너무나 안온하고 옅은 색조라서 마치 풍경화가 클로드 로랭Claude Lorrain(프랑스의 이상적 풍경화의 대표적 화가+)이 그린 그림처럼 보였다.)

더 멋진 또 하나의 자아를 찾으려 여행을 떠났다면 일시적이나마 성공을 거두었다는 증거가 필요한 것도 사실이다. 근사한 풍경과 숨겨진 아름다움, 마법 같은 빛의 순간을 목격한 증거 말이다. 물론 자신이 그것을 감지하는 능력이 있다는 증거도. 우리가 찍은 기념사진은 자신에 대한 추억이다. 그것이 바로 나라고 사람들은 말한다. 이 사진들이 한때 저 먼 곳에 살았던 내 삶의 증거야!

세상을 보는 것? 그 나라와 그곳 사람들을 알아가는 것? 물론 불가능한 것은 아니다. 하지만 사실 우리는 그저 보고 싶은 것만 본다. 아무리 집안에 스마트폰을 두고 떠나더라도 두 뇌는 항상 하던 필터링 작업을 계속한다.

포르투갈 여행을 생각하면 어두운 강물 위에 놓인 좁은 나무다리를 건너던 일이 떠오른다. 짙은 강둑의 초목 사이로 우리가 살던 집의 하얀 벽이 어찌나 반짝거리던지. 계곡에서 불어와 대서양을 향하던 산들바람이 피부에 닿던 감촉과 처음으로 그 집의 커다란 미닫이 유리문을 열었던 그 순간을 정확히 기억한다. 하지만 당연히 우리의 여행은 그렇게 시작되지 않았다. 그저 나의 뇌가 경험하고 싶지 않은 것과 기억하고 싶지 않은 것을 모두 걸러냈을 뿐이다. 예를 들어 여행용 가방을 끌고 지나간 파로 공항의 보기 흉한 바닥이라든가 렌터카 사무실 앞에 끝없이 길게 늘어선 줄, 시골길에 줄지어 선 광고판과 차창 앞 유리에 달려들어 터져 버린 벌레들, 태양빛에 타 버린 로터리 중간의 잔디밭 등 말이다.

휴가 중이라고 생각은 하지만 우리의 머릿속은 미래의 기억을 정리하느라 항상 바쁘다. 침대 머리맡에 놓인 서랍의 먼지투성이 내부에 대한 기억이 삭제된다. 구시가지에 있는 레스토랑의 플라스틱 식탁보에 끈끈하게 달라붙어 있던 다국어로 된 메뉴판에 대한 기억도 삭제된다. 죽은 해파리처럼 파도에 실려 이리저리 떠밀려 다니다 해변에 너부러진 빈 드라이아이스 백의 기억도, 이탈리아어로 대화하려는 우리의 온갖 노력에도 꼬박꼬박 독일어로 대답하던 이탈리아 웨이터에 대한 기억도 지운다. 도성 내부의 지도를 들고 진땀을 흘리며 길을 찾던 시간, 녹아서 물이 뚝뚝 떨어지던 아이스 캔디, 호텔 방에 펼쳐진 온갖 종류의 팸플릿들, 야간 짐꾼의 눈 밑에 드리운 눈 그늘 그리고 우리의 잠을 앗아가던 불편하기 이를 데 없던 베개의 기억마저도. 또한 획일적으로 보인 교외 지역과 상업 지구의 풍경도, 보행자 구역 어디에나 꼭 있는 H&M 매장도 모두 삭제한다. 전반적으로 우리가 여행지에서 경험할 가치가 없다고 여기는 모든 기억이 슬며시 지워진다. 혹은 너무나 특이해서 별나기까지 한 여행지 풍경도. (가령 자신이 제일 좋아하는 바이에른식 맥주 바의 사진을 찍기 위해 아시아를 여행하던 내 전 남자친구 U가 좋아할 만한 여러 풍경.)

인스타그램과 페이스북, 사진 앨범과 우리의 두뇌는 상투적인 이미지로 가득 차 있다. 파리에 가서 도심의 옥상 카페에 앉아 멀리 떨어진 에펠탑의 그림 같은 풍경을 보면서 우리는 기쁨을 만끽한다. 베니스 여행에서 새벽녘에 모습을 드러낸 대운하가 마치 카날레토Canaletto(1697-1768, 이탈리아의 화가⁺)가 그린 풍경화처럼 보일 때 우리의 가슴은 두근거린다. 우리는 어떤 곳에서 그곳을 대표하는 음식, 혹은 적어도 전형적이라고 여기는 음식을 먹으며 행복을 느낀다. 우리는 가끔 건물이 생각했던 것보다 훨씬 크거나 유명한 그림이 상상보다 작아서 놀라곤 한다. 나미비아 공화국을 여행하며 가장 놀라웠던 것은 내가 이미 알고 있듯이, 인구가 매우 적어 사막밖에 안 보이는 길을 수십 킬로미터 달릴 수 있다는 사실이었다. 거기서 나는 사막이 실제로는 다소 지루하고 황량한 공간이라는 것을 알게 되었다. 사막은 바다와 달라서, 수평선이 아니라 다음 언덕이나 모래 언덕이 나타날 때까지 아무것도 없기 때문이다.

우리는 여행하면서 마치 연주곡의 한 소절을 듣자마자 히트곡이 연주된다는 사실에 열광하는 콘서트장의 관객처럼 행동한다. 아니면 복제품으로 여러 번 본 적이 있는 그림 앞에서 북적거리는 박물관 관람객처럼 행동한다. 우리는 이미 머릿속에 존재하는 상상과 현실을 비교한다. 기대하던 것을 보고, 이미 알고 있는 것을 접한다.

그걸 나쁘게 생각해야 할까? 물론 아니다. 심지어 지그문트 프로이트Sigmund Freud조차 자신이 가진 이탈리아 그림이 진품인지를 굳이 그곳에 가서 '검증'하고자 했다. 마크 트웨인Mark Twain은 『철부지의 세계 여행Die Arglosen im Ausland』이라는 책에서 파리의 노트르담 대성당을 방문한 경험을 얘기하면서 "그림과 똑같이 보인다."며 즐거워했다. 작가 빌헬름 바이블링거Wilhelm Waiblinger는 1829년에 소설 『로마의 영국인Die Briten in Rom』에서 로마의 유물을 빠르게 훑어보고 근사한 삽화를 곁들인 안내서에 표시를 남기는 것을 낙으로 삼는 부유한 영국인들을 조롱의 대상으로 삼은 바 있다.

사실 이런 것들을 굳이 나쁘게 볼 필요는 없다. 하지만 질문을 던지지 않을 수 없다. 왜 우리는 꼭 여행해야만 하는가? 여행지나 관광지를 선택할 때조차도 우리는 주체적이지 않다. 사람들이 꿈꾸는 여행지가 계속 바뀐다는 것을 여행업계는 알고 있다. 독일인들이 오랫동안 꿈꾸던 여름 휴양지는 지중해였지만, 여행 전문지 『론리 플래닛』에 따르면 2019년에 핫한 여행지로 떠오른 곳은 칠레와 한국, 짐바브웨와 파나마라고 한다. 음식 문화에 관심을 갖는 것이 세계적으로 유행하면서 예전이라면 관광객의 발이 닿지 않았을 움브리아의 시골길에 있는 트라토리아(간단한 음식을 제공하는 이탈리아 식당+)가 전 세계 미식가들이 꼭 들르는 유명 여행지가 되었다. 이탈리아의 슬로푸드 여행 가이드가 특별한 야생 비둘기 요리에 대해 허풍을 조금 떤 탓이다.

여행지에 대한 관념도 계속해서 변해 왔다. 18세기까지 알프스 산맥은 이탈리아라는 예술의 보물 창고로 가는 길에 놓인 특히 성가신 장애물일 뿐이었다. 낭만주의 시대에 이르러서야 사람들은 알프스 산맥을 가까이에서 들여다보며 돌무더기 산의 장엄함에 소름 돋는 감동을 느꼈다. 요제프 안톤 코흐가 살았던 시대에서 50년 전으로만 거슬러 올라가도 자연에 대한 사람들의 관념은 매우 다르다. 따라서 그가 만약 50년 전에 태어났더라면 「슈마드리바흐 폭포」를 그리는 일은 없었을 테다.

오랜 시간 동안 유적은 그저 낡은 돌무더기에 지나지 않았으며 특별한 관심을 기울일 가치라고는 없었다. 그러다 18세기 말에 이르러 사람들은 갑자기 그 안에 오랜 시간을 품은 아름다움과 초월성이 구현되어 있다고 믿기 시작했다. 이는 사람들이 가장 갈망하는 여행지인 바다도 예외가 아니었다. 사람들은 오랫동안 바다와 그리 친밀한 관계가 아니었다. 로마나 런던, 아테네 같은 도시들이 해안 근처에 건설되긴 했지만 해변에 접해 있지 않다는 사실에서도 이를 알 수 있다. 하물며 해변에서 수영하고 선탠을 즐기는 사람들이라니….

사실 우리 시대 이전에는 그런 문화가 없었다. 사람들은 물고기를 잡거나 진주를 얻기 위해 잠수를 하는 것처럼 피할 수 없는 상황에만 바다로 들어갔다. 햇빛과 바닷물이 건강을 개선하는 효과가 있다는 연구 결과가 알려지면서 18세기 중엽에 처음으로 영국에 해변 휴양지가 생겼다. 1805년만 해도 요한 고트프리트 조이메Johann Gottfried Seume(1763-1810, 독일 작가)는 바깥에서 종종 목욕한다고 해서 "부도덕한 것은 아니다."라고 항변해야 했다. 부력으로 인해 치마가 올라가지 않도록 여성의 수영복 치마 밑에는 납덩이를 매달았다. 태양 빛은 또 어떤가? 햇빛은 사람들이 피해야 할 것이었다. 가령 1882년 로스토크Rostock에서 만든 해변 의자는 햇빛으로부터 사람들을 보호하기 위한 것이었으며, 일광욕은 당시만 해도 평민이나 하는 것으로 휴가의 상징과는 거리가 멀었다. 리비에라 해안은 여름에 갈 만한 장소가 아니었고, 니스는 전 세계의 겨울 수도로, 칸과 산레모(이탈리아 서북부, 리비에라 해안에 면한 항구 도시[+])의 그랜드 호텔은 1월부터 3월까지만 운영하고 나머지 시즌에는 문을 닫았다. 따뜻한 계절이면 사람들은 말라리아와 건강을 해치는 더위가 두려워 바다를 멀리했다.

오늘날 몰디브에서 2주 동안 온몸을 선탠하거나 유람선을 타고 항해하거나, 여름이면 집보다 더운 어딘가로 날아가는 것이 인간의 기본적인 욕구라고 믿게 하려는 것은 비단 관광업계만은 아니다. 피렌체에 가 본 적 없거나 프로방스 지역을 모르면, 이탈리아인이 언제 카푸치노를 마시는지 모르고 일본 사람처럼 초밥을 먹을 줄 모르면 교양 없는 사람 취급을 받기 일쑤이다.

17세기까지만 해도 귀족들 사이에 여행 문화가 널리 퍼지지 않아서, 독일의 국가 사회주의 체제 아래에서 일반인이 여행하려면 'KdF Kraft durch Freude(기쁨을 통한 힘)'라는 문화 선전단에 가입해야만 했다. 이전 수 세기, 수천 년 동안 사람들은 어떤 것에서도 완벽한 만족을 찾지 못했다. 그러나 집에서 머물 때만큼은 대체로 행복을 느꼈다. 어쩌면 여행도 결국에는 마법이나 사혈에 대한 믿음 혹은 가발의 힘에 대한 믿음처럼 일시적인 유행이나 특정한 시대의 현상일 수도 있다.

지구는
지금 아프다

> 지금 우리는 몸을 따듯하게 하려고 피운 불이
> 집안 살림을 홀랑 태우는데도
> 눈치채지 못하고 있는 것 같다.
>
> —————— 제임스 러브록

  굳이 말하면 여행의 단점쯤은 대수롭지 않다. 다른 무언가를 느끼고픈 방랑벽에 굴복하여 며칠 혹은 몇 주 동안 타지에서 지내보는 거다. 유행에 휩쓸리는 것이라 해도 뭐 어떤가. 집에 틀어박혀 자꾸만 떠오르는 현실을 곱씹으며 살 필요는 없으니까. 게다가 신토불이만 외치며 아름다운 조국을 침범하는 외국 문물에 대한 불평만 늘어놓는 것보다는 바깥세상을 탐험해 보는 것이 더 낫지 않을까?

  더 나아가 독일이 온통 잿빛에 잠겨 있는 동안, 프랑스 남

부의 카페테라스에서 따스한 햇볕을 쬐며 며칠을 보내는 것
보다 더 좋은 일이 있을까? 그런 휴가를 보낼 기회를 그저 흘
려보내는 건 어리석지 않은가? 영화 한 편 관람할 비용으로
팔레르모행 비행기를 예약할 수 있는 시대에 겨우내 집에 처
박혀서 우울증을 호소하다니 뭔가 잘못된 것 같지 않나?

물론 여행은 그 자체만으로 생태계에 엄청난 재앙이 된다
는 사실을 알고 있다. 얼마전, 유럽에서 가장 큰 온실가스 배
출기 순위에서 저가 항공사인 라이언에어가 10위 자리에 올
랐는데, 9위까지는 모두 석탄 화력 발전소가 차지했다. (그중
7개가 독일에 있다.) 그런데도 여행을 취소할 정도로 이러한
상황을 염려하지는 않는다. 기후 보호 단체인 아트모스페어
는 2050년까지 지구의 온도가 2도 이상 상승하지 않도록 하
려면 한 사람이 연간 생산하는 탄소의 양이 2.3톤을 넘지 말
아야 한다고 계산했다(독일의 경우 현재 국민 1인당 연평균
탄소 생산량은 11.63톤이다).

탄소 2.3톤으로는 대서양을 비행기로 횡단하거나 정확히 9
일간 항해하는 크루즈 여행을 할 수 있으며, 중형차를 타고 1
만 2천 킬로미터를 달릴 수도 있다. 하지만 그렇게 하려면 집
의 난방을 포기해야 하며, 최신 넷플릭스 시리즈도 보지 못하
고 우유를 넣은 커피는 한 잔도 마실 수 없을 뿐 아니라, 코딱

지만 한 소고기 스테이크(그 결과 80킬로미터로 다니는 자동차 여행에서 발생되는 것과 맞먹는 탄소량이 발생한다.)를 먹어야 한다.

사실 어떤 것을 자세히 들여다보면 보기보다 덜 나쁘다고 판명되기도 하는데, 여행은 거기에 속하지 않는다. 비행 중 공기 중으로 날아가는 이산화탄소 외에도 항공기에서 생산되는 구름이나 베일 구름과 비행운 등이 모조리 지구 온난화에 기여한다. 게다가 질소 산화물은 배기가스에서 나오는 온실가스 오존을 형성한다. 하지만 선박으로 여행을 해도 그 피해는 이산화탄소 배출량 이상으로 증가한다. 왜냐하면 대형 선박들 대부분이 값싼 연료유를 사용하고, 이로 인해 입자 물질과 그을음이 발생해 항구 도시의 공기를 심각하게 오염시키기 때문이다. 선박 연기로 발생한 조기 사망자가 유럽에서만 연간 약 5만 명에 이른다고 한다.

심지어 환경을 생각하는 도시의 로하스LOHAS(Lifestyles of Health and Sustainability의 약자로 건강과 지속 가능성에 중점에 둔 라이프스타일*)족이 좋아하는 열차조차도 그다지 효율적이지 않다. 승객 한 사람이 기차역을 왕래하기 위해서 전동 수단을 이용한다는 걸 염두에 두고 우회 경로까지 포함해 계산하면 그 결과는 더욱 비관적이다. 가장 환경 친화적인 교통수단은 많은 사람이 가장 심각한 대기 오염원이라고 본능적으로 믿는 이동 수단이며, 가장 친환경적인 생활을 하는 사람은 대도시 속물인 우리가 경멸하는, 할인점에서 쇼핑하면서 죄책감 없이 비닐봉지를 가져가는 사람일 수 있다. 장거리 버스를 탄 여행자는 녹색 전기로 움직이는 ICE(독일의 고속 열차)보다 이산화탄소를 20퍼센트 적게 배출한다. 환경부도 소득이 높을수록 환경 소비도 많이 한다는 사실을 잘 알고 있다.

환경 친화적인 여행이 점점 더 중요한 이슈가 되고 있다. 휴가및여행연구협회FUR에 따르면 독일 휴가객의 절반 이상이 지속 가능한 휴가에 큰 비중을 두며, 우리 모두가 이에 대한 책임이 있다는 것을 잘 알고 있다고 한다. 그런데 지속 가능한 여행은 어떻게 실현할 수 있을까? 베를린에서 인도의 케랄라까지 비행기를 타고 가면, 아유르베다(인도의 고대 의학 체계로 서구에서 선풍적인 인기를 끌고 있다[+]) 휴양지에서 채식으로만 이루어진 아침 뷔페의 첫 스푼을 뜨기도 전에 당신은 비행기를 탄 것만으로도 이미 평균적인 인도인이 1년간 소비하는 양보다 더 많은 이산화탄소를 배출한 셈이다. 만약 당신이 남티롤 지역의 친환경 호텔에서 스키 휴가를 보낸다면, 지역 농가에서 생산하는 유기농 달걀을 원 없이 먹겠지만 스키 스포츠에 최적화된 눈이 쌓인 산악지대가 서서히 파괴되는 것을 막을 수는 없다. 손대지 않은 원시의 자연에 경탄하기 위해 남극 유람선을 타는 사람은 경탄의 숨을 내쉴 때마다 자연을 파괴한다는 사실을 직시해야 한다. 배가 운행하면서 내뿜는 그을음이 얼음 위에 시커먼 입자로 내려앉아 결국에는 얼음을 더 빨리 녹게 만드니까. 말 그대로 등 뒤에서 재앙이 들이닥치고 있는 것이다.

여행 중 탄소 배출로 지구에 끼친 피해를 조금이나마 보상하기 위해 마이클라이메이트MyClimate나 아트모스페어Atmosfair 같은 조직에 기부를 할 수도 있다. 하지만 이런 실천을 하는 여행자는 극히 소수에 불과하다. 케랄라에서 보내는 휴가에 대한 보상액은 139유로로 지나지 않고 베를린에서 뮌헨까지의 비행에 대한 보상액은 10유로에 불과한데도 말이다.

더구나 자제하기는커녕 우리는 여행을 점점 더 많이 하고 있다. 관광 산업은 가장 빠르게 성장하는 산업 중 하나다. 전 세계 항공 승객의 수는 1990년 이후 두 배 가까이 증가해 40억 명에 가까운 사람이 저가 항공을 비롯한 각종 항공기를 이용하고 있다. 독일에서는 항공기 이용 승객 수가 250퍼센트나 증가했다. 공항은 혼잡함 그 자체이고, 영공조차 초만원이다. 세계관광기구UNWTO에 따르면 1950년만 해도 2,530만 명에 지나지 않던 항공 여행객이 2015년에는 11억 8,600만 명으로 50

배 가까이 증가했다. 프라이부르크에 있는 생태 연구소는 여행 산업이 현재와 같이 유지된다면 2050년에는 항공 교통이 전 세계 이산화탄소 배출량의 22%를 차지할 것이라고 예측했다. 2018년 유명 잡지 『네이처』에서 발표한 연구에 따르면 관광으로 인한 이산화탄소 배출량은 2009년부터 2013년까지 단 4년 동안 연간 39억 톤에서 45억 톤으로 증가했다. 독일은 국제 기후의 가장 큰 가해국 순위에서 미국, 중국에 이어 3위를 달리며 인도, 멕시코, 브라질, 캐나다가 그 뒤를 따르고 있다.

이지젯과 라이언에어 같은 저가 항공사 덕분에 여행은 누구든 누릴 수 있는 권리가 되었다. '휴가권'이란 쉴 권리이자 비행기를 타고서 가고 싶은 곳으로 갈 수 있는 권리로 오랫동안 받아들여지고 있다. 태양이 좀 더 뜨겁고 사람들의 삶이 좀 더 느긋해 보이는 나라로 갈 수 있는 권리. 더 근사하고 우아하거나 더 촌스러운 식당이 있는, 아무튼 모든 것이 지금 여기와는 다른 그런 곳으로 말이다. 여행 비용은 너무나 저렴해서 녹색이나 파란색 티셔츠를 사거나 요구르트를 새로운 종류로 바꾸듯이 자연스럽고 즉흥적으로 기분 전환을 시도할 수 있다.

독일인이 매년 배출하는 평균 이산화탄소 11.63톤 중 가장 큰 비중(4.4톤)은 일반적인 소비 활동이 차지하고 1.7톤은 식품, 2.5톤은 난방 및 전기가 차지하며 2.2톤은 이동 분야에서 소비되는 것으로 전체의 5분의 1도 채 되지 않는다. 이에 대해서는 논쟁할 여지가 없다. 우리는 가능한 한 적게 소비하고, 고기도 적게 먹고, 에너지 효율성을 고려해서 살림을 꾸려가야 한다. 하지만 우리에겐 난방과 음식이 필요하며 세간살이며 옷과 신발도 꼭 필요하다. 반면 굳이 여행을 해야 할 필요는 없다. 일이나 가정사에서 굳이 요구되지 않는 한은 말이다.

전 세계 온실가스 배출량의 8%는 항공편과 호텔 숙박시설, 온수 수영장, 렌터카와 크루즈선 등 관광 산업으로 인해 발생한다. 그럼에도 우리는 기후 변화에 책임을 느껴야 할 주체는 우리가 아니라 도널드 트럼프와 중국 그리고 석유 산업이라고 느낀다. 우리는 유기농 육류와 동물 실험을 하지 않는 화장품, 공정 무역 커피만 소비하니까. 그러니 태양 아래에서 잠깐 휴가를 보내는 것 정도는 허용될 수 있지 않은가?

몇 년 전까지만 해도 아드리아해와 알가르브의 해변에 늘어선 거대한 호텔들은 대규모 관광의 추악한 민낯으로 여겨졌다. 하지만 오늘날의 패키지 관광 전성 시대에 비하면 오히려 점잖아 보인다. 당시에도 물론 휴양객은 비행기를 이용했다. 그렇지만 태국에서 휴가를 보내면서 미얀마와 라오스 혹은 베트남을 방문할 계획을 세우지는 않았다. 또 며칠간 나폴리 여행을 하면서 재빨리 카프리섬과 이스키아섬, 아말피 해변을 돌아오는 여행 계획을 세우지는 않았다. 6톤 RV 자동차를 운전하기 위해 샌프란시스코로 비행기를 타고 가서 다시 포틀랜드까지 이동하는 여행을 하지는 않았다. 무엇보다도 당시 관광객들은 주변 지역은 건드리지 않았다. 특별 조성한 호텔 단지에 머무르며 모래성이나 쌓고 뷔페에서 배를 채우며 만족했다.

오늘날 해변에서 휴가를 보내는 유럽 여행자는 절반에 지나지 않는다. 대신 짧은 휴가나 도시 여행자가 늘었는데, 이는 단지 생태학적인 문제만 일으키는 것이 아니다. 점점 더 많은 지역과 도시가 들이닥치는 방문객들로 인한 부담으로 신음하고 있다. 베를린만 하더라도 2006년에 600만 명이던 방문객이 2016년에는 1,270만 명으로 증가했다. 2016년에 로마에 머문 해외 방문객은 700만 명에 이르고, 파리에는 약 1,600만 명, 런던에는 약 2,000만 명이 머물렀다. 소도시인 베니스는 관광객이 지역민보다 더 많은, 관광객의 고향으로 도시의 기반 시설을 붕괴시킬 만한 인파가 날마다 모여들고 있다. 이 같은 관광화에 불을 지핀 건 유람선과 저가 항공사, 에어비앤비와 같은 인터넷 플랫폼이다. 일반 임대 아파트를 하루나 일주일 단위로 관광객에게 빌려주기 시작하자 소수의 관광지와 주변 호텔에 집중되었던 관광객이 일반인이 거주하는 지역으로 침투했다. 그러면서 지역민을 위한 부동산 시장에서 정작 그들을 위한 아파트는 사라지게 되었다.

이 현상을 오버 투어리즘Over tourism이라 한다. 과도한 관광화로 인해 도시를 구성하는 여러 기능이 균형을 잃었음을 묘사한다. 건강한 도시에서 사람들은 일하고 생활하며 쇼핑을 하고 즐겁게 지낸다. 어떤 가게는 비싸고 어떤 가게는 저렴하며 사회적 주택과 호화로운 상점, 소매점, 카페 등이 섞여 있다. 하지만 관광객이 많이 찾을수록 상가 임대료는 더 많이 오르게 된다. 오랫동안 사업을 해 오던 기업들이 문을 닫고 그 자리에서 프랜차이즈 매장이 성업한다. 그 결과 도심의 모습이 어디를 가거나 비슷해지며 도시 거주민들은 점차 도시 외곽으로 밀려나고 그 자리에 정통성이 결여된 관광객을 위한 테마파크만이 버티고 서 있다.

또한 오버 투어리즘은 순례자들이 성 베드로 광장에서 교황을 맞이한 후 버리고 가는 쓰레기를 의미하기도 한다. 베를린이나 바르셀로나, 암스테르담의 주민을 짜증나게 하는 저가 항공의 여행 패키지 프로그램 야간 파티가 내는 소음도 마찬가지다. 여름철이면 관광객들로 인해 마요르카섬에 식수가 부족하고, 루브르 박물관의 주인공은 더 이상 모나리자가 아니라 셀카봉으로 다빈치의 걸작을 촬영하려는 군중이 되어 버렸다. 오버 투어리즘은 외로움과 평온함 그리고 손대지 않은 자연을 찾아 몰려드는 관광객들로 인해 아이슬란드만의 고유한 아름다움이 파괴될 위험에 처해 있다는 것을 의미하기도 한다.

이것은 아마도 여행의 가장 어처구니없는 측면일 것이다: 우리는 손이 닿지 않은 진정한 삶을 갈망한다. '진짜' 나마비아 공화국과 '진짜' 나폴리, '진짜' 노이쾰른 지역을 갈망한다. 우리는 오래된 요리법으로 조리한 전통 음식을 여전히 만날 수 있는, 현지인들이 자주 찾는 아주 특별한 장소를 찾기 위해 많은 노력을 기울인다. 우리는 아직 관광객들에게 점령되지 않은 곳을 찾아 헤매면서, 그 관광객이 바로 우리 자신이라는 사실을 애써 모른 척한다.

"관광객은 찾음으로써 자신이 찾는 것을 파괴한다."라고 한스 마그누스 엔첸스베르거Hans Magnus Enzensberger는 말했다. 다시 말해 우리가 발을 디딘 순간 해변은 더 이상 한적하지 않고, 비둘기 요리가 무엇인지 궁금해서 부지런히 테이블 위를 흘깃거리는 동안 트라토리아가 있는 동네는 관광객으로만 가득 찬다.

한때 「당신에겐 유머 감각이 있나요?Versteen Sie Spaß」라는 프로그램이 인기를 끈 적이 있다. 사람들이 괴이한 상황 속에 자신도 모르게 끌려드는 모습을 찍는, 몰래 카메라 형식의 프로그램이었다. 어느 날 제작진은 마터호른산 정상 바로 아래에 특수 제작한 기념품점 세트장을 세워 TV 프로그램을 찍다가 우연히 유명 산악인 라인홀트 메스너Reinhold Messner를 만났다(기념품점에서는 신문이나 간식거리, 각종 기념품뿐 아니라 라인홀트 메스너의 책도 판매하고 있었다). 그가 관광객 유치를 위해 나선 몰래 카메라 제작진에게 벌컥 화를 내는 장면은 모두가 박장대소할 만큼 웃겼고 독일 TV 역사에서 전설적인 순간으로 남았다. 라인홀트 메스너는 마터호른산이 자신과 같은 진지한 산악인만을 위한 것이라고 여전히 믿고 있었던 모양이다. 등산은 끊임없이 언론에 노출되면서 대중 현상이 되었는데, 취미 등산가들이 산봉우리를 오르기 위해 줄을 서는 현상에 어쩌면 라인홀트조차 자신도 모르게 이바지한 바가 많았는지도 모른다.

우리는 오랫동안 투어리즘을 특정한 목적지로 가서 그곳을 보고 다시 돌아오는 여정으로 생각했다. 이제 사람들은 여행을 상호 현상으로 여긴다. 여행은 세상을 바꾸며 여행지를 창조하기도 하고 파괴하기도 한다.

주요 관광 도시에서는 주민들이 넘치는 관광객으로 말미암아 자기방어에 나섰다. 팔마에서는 주민들이 관광객에게 꾸지뽕나무 열매를 던지는 일이 있었고, 발렌시아에서는 좌파 운동가들이 휴가용 리조트를 점거했으며, 리스본에서는 구시 가지에서 쓰레기를 버리는 것에 반대하는 결의안이 마련되었다. 오버 투어리즘은 암스테르담에서 선거 때마다 오랫동안 이슈가 되었고, 베니스에서는 저항 단체들이 결성되어 정치적 압력을 행사하고 있다. 베를린은 생활 공간이 무분별하게 활용되는 것에 대해 금지령을 내렸다. 바르셀로나 시장은 새로운 호텔 건설을 일시적으로 중단하도록 명령했다. 또한 뉴질랜드는 앞으로 관광객에게 입장료를 부과할 전망이다. 슈테판 호데스Stephen Hodes 관광부 장관은 베를린의 일간지『타게스슈피겔Tagesspiegel』과의 인터뷰에서 도시의 관광객 수를 제한하자고 제안했다.

"도시가 포화 상태라는 간판을 붙여야 한다. 그렇지 않으면 도시는 더는 사람들의 삶을 위한 터전이 아니라 관광객이나 방문객, 외국인이 거쳐 가는 불친절한 공간이 될 것이다."

유네스코는 크로아티아의 해안 도시인 두브로브니크가 방문객 수를 줄이지 못하면 세계 문화유산 지정을 취소하겠다고 위협했다. 어떤 장소를 보존하는 데 큰 역할을 해야 할 특별한 지리적 지위가 오히려 역효과를 불러온다면, 어쩌면 그

지위를 박탈하는 것이 최선의 방법일 수 있다. 세계 문화유산이 있는 곳마다 깃발을 든 단체 관광객 인솔자가 전장의 장군처럼 휩쓸고 다니며 수많은 도시를 폐허로 만들고 있다. 그곳이 산 지미냐노나 잘츠부르크일 수도 있고, 베로나나 베니스, 포르투나 프라하일수도 있으며 에든버러나 아비뇽 혹은 브루게일 수도 있다. 도시의 아기자기한 건물은 더는 실제 생활 공간이 아니라 호텔과 레스토랑, 고급 옷가게 등 관광 산업을 주도하는 상업 공간이 되어 버렸다.

2016년 두브로브니크 구시가지에는 기념품 가게 107개와 레스토랑 143개가 늘어서 있지만 식료품점은 고작 4개뿐이다. 한때 사람들의 고향이었던 도시는 디즈니랜드만큼이나 비현실적인 곳으로 변모하고 있다. 언론인인 마르코 데라모Marco d'Eramo가 『셀카의 세계Die Welt als Selfie』에서 명명한 것처럼 "미라로 만들어 내부를 말끔히 비운" 박제 도시가 되었다.

CNN과 미국 여행 포털인 포더즈 트래블Fodor's Travel은 최근 암스테르담, 두브로브니크, 베니스를 비롯한 세계에서 가장 멋진 여행지들을 '가지 말아야 할 여행지'로 묶어 발표했다. 부탄과 바르셀로나, 마추픽추와 마요르카섬, 산토리니섬과 스카이섬, 타지마할과 친퀘 테레, 갈라파고스, 남극, 에베레스트산 등도 목록에 포함되어 있다. 그런 가운데 세계적인 여행 가이드 업체는 '그동안 간과되고 과소평가되어 왔으나 대중이 몰려들기 전에 분명 방문할 가치가 있는' 여행지를 수년 동안 추천해 왔다. 따라서 증가하는 전 세계의 여행자 무리가 다른 곳으로 이동하더라도 분명 일시적으로 문제가 옮겨갈 뿐이다. 아직 개발되지 않은 도시나 해변, 유적지일지라도 관광 산업 때문에 단 몇 년 안에 인파에 깔려 질식할 수 있기 때문이다. 때로는 인스타그램 인플루언서가 예쁜 풍경 사진 몇 장만 게시해도 대중이 우르르 몰려가기까지 그리 많은 시간이 걸리지 않는다. 관계자에 따르면 최근까지 거의 예약이 꽉 찬 적 없던 프라그세르 호수 근방의 호텔 사진이 현재 인스타그램에 20만 건이 넘는 게시물로 올라와 있다고 한다. 누군가 아름다운 청록색 물빛과 인적 없는 텅 빈 호숫가를 담은 사진을 인스타그램에 올린 것이다. 그뿐인가. 잘츠카머구트 지역 깊숙이 위치한 할슈타트 마을은 한동안 호수와 산, 마을 등을 다니면서 목가적인 사진을 열렬히 찍어 대는 중국, 대만, 한국, 일본, 그밖에 동아시아 국가 관광객들로 북적였다. 2018년에 할슈타트를 찾은 관광객은 100만 명이며 15만 명이 그곳에 머물렀는데, 780명에 지나지 않는 지역민 모두가 마을이 높은 인기를 누리는 것을 그리 달가워하지 않는다는 사실을 이해할 만하다. 중국인 대부분은 할슈타트를 알고 있고 광둥성에 할슈타트 시장을 마치 거울의 반대편처럼 똑같이 본뜬 복제 마을까지 세웠다고 한다.

때론 아무것도
하지 않는 것이 더 의미 있다

오늘날 우리가 할 수 있는 선택을 살펴보면,
사실은 아무것도 하지 않는 것이 오히려
큰 불행을 예방한다.

———— 하랄트 레슈

그렇다면 우리가 다시는 여행할 수 없다는 의미인가? 우리 부부는 방랑벽에 곧장 굴복하기보다는 여행 패턴을 바꿔 보기로 했다. 그리고 여름철에는 집에 머물고(사실 나쁘지 않은 결정이다.) 남편도 런던이나 뉴욕 출장 일정을 취소할 수 있는지 계속 확인했다. (출장 취소는 불가능했다.) 불필요한 항공 여행을 사실상 모두 중단한다고 생각하니 마음이 가벼웠다. 난방을 하지 않는 것도 먹지 않는 것도 불가능하지만, 우리에게 아시아에서 휴가를 보내야 한다고 강요한 사람은 사실 아무도 없었다. 그리하여 우리는 말로만 변화를 이야기하는데 그치지 않고 비로소 실천에 나설 수 있었다.

물론 이것으로 세상을 구할 수 없다는 것을 알고 있었다. 우리 가족이 이산화탄소를 공기 중에 살짝 덜 내뿜는다고 해도 별 차이는 없을 것이라는 걸. 그렇다고 기후 변화에 대해 아무것도 하지 않고 있을 수는 없다. 사실 지구 온난화에 대한 경고 앞에서 당장 행동에 나서야 할 사람은 누구보다도 정치인들이다. 즉 산업화된 북반구 국가들이 자본주의 성장의 논리에서 벗어나야 한다. 전 세계의 연구자들은 만장일치로 말한다. 이제 우리는 더 이상 속도 제한과 운전 금지에 대한 논의에만 매달리지 말고 즉시 연소 기관의 사용을 금지하고, 석탄 자원의 사용을 단계적으로 폐기하며 오래된 건물을 격리시키고, 육류와 항공 여행 티켓의 가격을 지금보다 훨씬 높게 책정해야 한다고. 이들 물품의 가격에 생태적 비용을 반영시키고 지구를 위해 절실하게 필요한 혁신 경쟁이 시작되도록 이상화탄소 세금을 도입해야 한다고.

하지만 그런 일이 언제쯤이나 가능할까? 우리는 아직 그 어떤 것도 실천에 옮기지 못하고 있다. 오히려 세금으로 공항을 건설하고, 등유를 사용하면 세금을 감면해 주며 항공권에 부가세를 부과하지 않는 등의 방식으로 항공 산업체에 혜택을 부여하고 있다. 라이언에어가 어떻게 1.99유로에 마요르카행 항공편을 제공할 수 있는지 묻는다면 답은 간단하다. 결국 각국의 정부는 지구를 멸망시키는 광기를 뒷받침하기 위해 우리의 세금을 사용하는 것이다. 왜 그럴까? 관광 산업이 오래전부터 21세기의 가장 중요한 산업 중 하나로 꼽혔기 때문이다. 전 세계적으로 10분의 1의 일자리가 관광 산업에 의존하며, 독일에서도 기계공학이나 소매업보다 국민 총생산GDP에 더 크게 기여하고 있다. 관광 산업이 없으면 많은 지역과 나라가 빈곤 상태로 전락할 것이다.

하지만 일 년에 비행기를 몇 번씩 타는 사람은 특권층에 불과하다. 2017년 통계에 따르면 세계 인구의 3퍼센트만이 비행기를 이용했고 80퍼센트에 달하는 인구는 살면서 한 번도 비행기를 타 본 적이 없었다. 이 세상에서 가장 가난한 나라들이 부자 나라들이 즐기는 파티를 위해 비용을 지불하고 있는 것이다.

단지 정치적 결정에 따라 그 영향의 경중을 가늠하여 행동하는 것만으로 충분하지 않은 것은 바로 이 때문이다. 우리는 대기에 온실가스를 무자비하게 살포하는 것이 잘못된 행동임을 잘 알고 있다. 그래서 그것을 금지하는 정치적 결정이 날 때까지 잠자코 있어야 할까? 도덕적으로 행동하고 싶다면 그

영향이 소소할지라도 지금 당장 옳은 일을 하는 편이 낫다. 아무리 지혜로운 논리로 무장한다 해도 결국 우리 자신이 문제의 일부이므로 해답의 일부가 되어야 한다.

여전히 기후 변화를 서서히 진행되는 추상적인 현상으로 여겨 긴급하게 맞서기보다는 막연한 죄의식만 지니고 있는 사람이 많다. 북극의 빙산이나 피지섬의 가난한 사람들만이 기후 변화로 해수면이 상승해 피해를 볼 것이라고 믿는 이도 많다. 이들은 기후 변화가 서구인에게는 영향을 미치지 않는다고 생각하거나, 자연을 통제하며 지금껏 쌓아 온 인간 세계의 유산이 우리를 보호하리라는 허튼 믿음을 품고 있다. 그저 진자의 왕복 운동쯤으로 애써 상상하는 것이다.

하지만 기후 변화는 실제로 일어나는 현상이며 기후 변화라는 단어조차도 이 현상에 대한 완곡한 표현에 지나지 않는다. 기후 위기나 재앙이란 표현이 더 사실에 가깝다. 그야말로 점점 가시화되는 재앙이며 우리가 예전과 다름없는 삶을 이어가는 동안 매일 그 속도를 더해가고 있다. 화석 연료를 태워서 대기 중으로 방출한 이산화탄소의 절반 이상이 지난 30년 전 즉, 「인어공주」와 「백 투더 퓨처 2」의 영화 시사회 이후에 발생한 것이다. 바로 우리가 이러한 재앙을 초래했다. 우리가 먹어 치우는 스테이크, 가정을 좀 더 아늑하게 만들기 위해 올리는 난방 온도가, 우리가 이용하는 모든 비행기가 전 지구적 재앙을 더욱 부추기고 있는 것이다.

「오티스의 비밀 상담소Sex Education(넷플릭스에서 2019년 1월부터 방영 중인 영국의 십대 코미디⁺)」의 새로운 시즌을 기다리는 동안에도 우리는 재앙을 부추기고 있다. 비닐봉지를 사용하지 않고 유기 폐기물 처리를 하는 동안에도 마찬가지다. 우리가 도널드 트럼프와 AfDAlternative für Deutschland(독일을 위한 대안, 극우파 정당⁺)에게 비난의 화살을 돌리고 '미래를 위한 금요일Fridays for Future(기후 변화 대응 행동을 촉구하는 각국 청소년들의 시위⁺)' 시위에 참석하고자 무단결석하는 청소년을 비웃는 동안에도, 메르켈 정부의 이민 정책을 논의하는 동안에도 재앙은 점점 다가오고 있다. 독일과 유럽, 전 세계를 위협하는 재앙에서 주의를 돌리기 위해 대중 영합주의적 소란을 피우는 사람들은 세계은행이 2050년까지 무려 1억 4천만 명의 기후 난민이 발생할 것으로 추산하고 있다는 것을 즉시 알아야 한다(국제이주기구IAEA는 같은 시기에 2억 명의 기후 난민이 발생할 것으로 예상한다).

2015년 파리기후협약에서 참가국들은 산업화 이전 시기에 비해 지구 온난화로 인한 온도 변화를 2도 이하로 제한하기로 합의했다. 그러나 불과 3년 후 IPCC(기후 변화에 관한 정부간 패널The Intergovernmental Panel on Climate Change)는 특별 보고서를 통해 2도의 온도 상승만으로도 극적인 기후 변화가 초래될 수 있음을 알리고, 지구 온도 상승의 한계치는 1.5도라는 새로운 목표를 제시했다. 이는 석탄이나 천연가스 같은 화석 연료 사용을 멈추고 2050년까지 전 세계 이산화탄소 배출량을 제로로 만드는 것과 같은 사회 전반에 걸친 빠르고 광범위하며 전례 없는 변화에 대한 요구와도 결합되었다. 하지만 문제는 우리가 파리협정에서 합의한 온도 상승 한계치 2도라는 목표도 이루기 힘들다는 점이다. 잘 알려진 대로 트럼프 대통령은 이런 합의마저 거부했다. 하지만 우리가 목표치에 도달한다 하더라도 국제 관광 산업은 합의된 책임 영역에서 거의 제외된다고 봐야 한다. 국경을 넘나드는 항공편은 배기가스 배출이 어느 나라의 책임인지 불분명하기 때문이다.

그렇다고 예전과 같은 삶을 지속하면서 결국 나쁜 타협으로 귀결될 정치인들의 결정만 기다려야만 하는 것일까? 우리 조부모 세대가 그토록 두려워했던 질문이 결국 우리에게 돌아올 것이다. 정말로 몰랐는지, 왜 아무것도 하지 않았는지를 미래에 아이들이 우리에게 묻는다면 우리는 아이들의 눈을 어떻게 마주 볼 수 있을까? 그리고 뭐라고 말할 수 있을까? 독일은 안전한 나라이므로 다른 세상에 대해서는 신경을 끄고 있었다고? 베를린의 겨울은 너무 추웠다고 변명할 것인가? 햇빛이 너무나 그리웠으며 마침 항공권이 엄청나게 저렴했다고 말하면 될까?

최근 스웨덴에서 비행기 여행의 부끄러움이라는 뜻의 '플뤼그스캄flygskam' 현상이 일어나고 있다는 사실은 우리의 여행 패턴을 다시 생각해 볼 힘을 주었다. 비행기 타는 일을 최대한 피하려는 사람들이 점점 더 많아지고 있으며, 실제로 스웨덴의 항공 승객 수가 감소한 것을 보면 영향이 상당하다는 것을 알 수 있다. 2018년 1월부터 9월까지 국내선 항공편 운행이 3% 감소하고 전세기 이용률도 약간 감소했다. 스웨덴 국영 교통 당국의 항공 시장 분석가인 장 마리 스코글룬드Jean-Marie Skoglund는 독일 신문 『타츠Taz』에 기고한 글에서 이러한 추세가 계속되면 상당한 결과가 초래될 것이라고 말했다.

"항공사들은 항공편을 줄일 것입니다. 일부 노선은 폐쇄될 것입니다."

그것이 바로 증거이다. 우리도 무언가를 바꿀 수 있다!

마침 오빠가 전화를 했다. 오빠는 고향인 뮌헨에 살고 있어 자주 만나지는 못하지만 통화는 자주 하는 편이다. 그는 내게 어린 조카의 안부를 물었다. 나는 약간의 불평 끝에 아들 칭찬을 늘어놓았고 오빠는 방금 다녀온 프로방스 여행과 그곳이 얼마나 멋졌는지를 이야기했다. 사실 여행에 대한 이 모든 관점에서 올바른 척도가 무엇인지 나도 알 수 없다.

내가 아는 모든 이와 마찬가지로 나 역시 태어난 곳에서 살지 않는다. 학교를 졸업한 후 얼마 되지 않아 나는 뮌헨을 떠나 당시 남편이 살던 프랑크푸르트로 이사했다. 우리는 몇 년 동안 그곳에 머물면서 사람들과 친밀한 관계를 맺었는데, 남편 회사가 이전하면서 베를린으로 이사를 했다. 이제 우리는 이곳 생활에 익숙해졌지만, 부모님과 오빠는 여전히 독일 남부에 살고 있다. 그곳에는 내가 좋아하는 친구와 동료들, 내가 즐겨 가던 카페가 여전히 있다. 프랑크푸르트에도 친구들이 사는데 이는 함부르크와 런던, 뉴욕과 파리에서 우리와 따뜻한 인연을 맺은 사람과의 인연과 다르지 않다. 만일 우리 모두 다시는 여행을 하지 않는다면 소중한 사람들을 더는 볼 수 없게 되는 것일까?

우리가 여행을 전혀 할 수 없다면 내 아들은 집에서는 도저히 경험할 수 없는 것들을 해 보지 못하리라는 생각이 들었다. 예컨대 철저하게 이방인이 된 느낌, 중요한 문제가 있는데도 도무지 나 자신을 다른 사람에게 이해시킬 수 없을 때 느끼는 절망감 같은 것들 말이다. 흑인으로 가득 찬 버스에 앉은 유일한 백인이 되어 본 사람만이 독일의 보행자 거리에서 수많은 백인에 둘러싸인 가나인의 기분을 이해한다. 낯선 도시에서 길을 잃어 본 사람만이 누군가가 당신의 눈을 바라보며 미소 짓고 도움의 손길을 내미는 순간의 아름다움을 안다. 다사다난한 여정을 겪고 난 후 지구 반대편 어딘가에 도착해서 그곳 사람들의 환대를 받을 때 얼마나 깊은 안도감을 느끼는지 이해할 수 있다.

여행이 삶에서 가장 중요한 이들, 예약하지 않고도 두려움 없이 세계를 여행하는 사람들, 외국에 나가서도 완전히 마음을 열고 마치 소설 속의 이야기처럼 믿을 수 없는 일을 경험하는 사람들을 생각해 본다. 나는 자신의 여행 방식만큼 지평을 넓혀 준 것은 없었다는 그들의 말을 믿는다. 심지어 파리나 포르투갈 남부의 대서양 연안 등 당신이 꼭 봐야 할 곳이 있다고 계속 속삭이는 여행 칼럼도 진실로 생각한다.

하지만 베스트셀러 잡지에 실린 정말 놓쳐서는 안 될 여행지가 이 세상에 수천 곳이나 있을까? '여행에 대한 아이디어'를 가까운 친구나 인터넷에서 찾는 건 너무 어리석은 짓이 아닌가? 각자 조금씩 절제하며 방랑벽에 지나치게 충동적으로 굴복하지 않는 편이 더 낫지 않을까?

우리는 오랫동안 음식을 선택할 때 이러한 방식을 사용했다. 값싼 할인점에서 산 음식으로 속을 채우는 것이 생태학적으로나 도덕적으로 정당하지 않다는 것을 알고 있으므로 되도록 고기를 적게 먹거나 좋은 고기를 먹으려 한다. 보다 분별 있는 삶을 위해 우리는 절제하려 애를 써 왔다. 가능하면 유기농 식자재를 고르고 지역에서 나는 우유를 사서 마시며, 12월에 슈퍼마켓에서 파는 딸기는 손대지 않았다. 혹은 중고품을 자주 사서 쓰고 자동차 없이 생활하려 애쓰며 유아용 자전거 트레일러만 하나 샀을 뿐이다.

여행지를 기차로 닿을 수 있는 곳으로 한정하고 어쩔 수 없는 때 외에는 비행기를 타지 말자. 솔직히 말해 태양을 향해 도망을 치지 않고서는 독일의 겨울에서 살아남지 못할 정도로 심한 자살 충동을 느끼는 건 아니지 않은가? 굳이 몇 년에 한 번씩 베니스의 풍경을 봐야만 할까? 부드러운 새벽의 여명 속에서 대운하의 북새통이 얼마나 아름답게 보이는지 기억하고 싶으면 살짝 눈을 감는 것만으로도 충분하지 않을까? 몸과 마음을 느긋하게 풀고 재충전하기 위해 굳이 2주 동안 남쪽 나라에서 휴가를 보낼 필요가 있을까? 아파트에서 햇볕이 잘 드는 곳에 앉아서 가끔은 읽고 있던 책이나 잡지를 내려놓은 채 밝은 빛 속에서 눈을 끔벅거리는 것 말고는 아무것도 하지 않는 것. 때론 그것만으로도 의미 있다는 생각이 든다.

집에 머무는
시간의 의미

변화를 만들기에
당신은 결코 작지 않다.

———— 그레타 툰베리

물론 집에 머문다는 건 처음에는 따분하게 들린다. 비 오는 날의 가택 연금된 기분, 진공청소기와 지루함, LED 전구의 희미한 불빛과 마치 어서 이 일을 끝내라는 듯 집안 한구석에 서 있는 빨래 건조대까지. 마치 휴식이란 없다는 듯, 다람쥐 쳇바퀴를 벗어날 생각은 하지 말라는 듯하다.

이후에도 남편은 우리의 결정에 적응하는 데 어려움을 겪었다. 꽤 골치 아픈 직업 때문에 늘 어디론가 떠나기를 열망했다. 그는 일상생활과 거리를 두기 위해서는 어딘가로 떠나야 하며, 다른 공간으로 이동함으로써 마음을 넓히고 에너지를 충전할 수 있다고 깊이 믿는 사람이었다.

반면에 나는 그 결정으로 말미암아 삶이 그리 달라질 것이 없었다. 나는 다음 여행을 예약하고 준비하지 않고서는 견딜 수 없는 사람은 결코 아니었다. 나는 일상생활의 익숙한 리듬을 좋아하고 똑같은 시간에 똑같은 일을 하며 똑같은 사람을 만나는 것을 당연하게 받아들인다. 답답한 일상이 나를 구속한다는 느낌도 받은 적이 거의 없다. 오히려 나는 일상 속에서 해방감을 느낀다. 어떤 버스를 타고 어느 맛집에서 점심을 먹어야 할지에 지나친 에너지를 낭비하지 않아도 되는 것이 완벽한 자유로움으로 다가올 때가 있다. 물론 나도 가끔 휴식을 취할 필요는 있지만, 아침 식사 후의 길고 뜨거운 목욕이나 낮잠만으로 충분하다.

나는 집에서 휴가를 보내는 것을 부자연스럽게 여기지 않는다. 실제로 휴양의 목적으로 여행을 하는 것은 꽤 새로운 발명품이다. 독일의 경우 바이마르 공화국 시대에서 휴가의 뿌리를 찾을 수 있는데, 최초의 노동자 단체 협상이 이때 시작되면서 노동자들이 처음으로 일주일간 휴가를 얻었다. 그러나 이것이 실제로 구현된 것은 KdF(기쁨을 통한 힘)를 조직한 후 연차 휴가를 2~3주로 연장하고 이탈리아의 무솔리

니로부터 영감을 받아 국가 여가 시설을 만들었던 나치당 즉, 국가 사회주의당에 의해서다. '이 조직의 목적은 국가 사회주의 공동체를 만들고 독일인을 완벽하고 정련된 국민으로 만드는 것'이라고 밝힌 것처럼, 휴가란 사람을 나약하게 만드는 쾌락이 아니라 노동에 활력을 불어넣어 경제 성장을 이루고 전쟁을 이끌어 가도록 하는 건강한 즐거움에 해당했다. 히틀러는 충분한 휴가와 휴식을 통해 독일인이 어려운 임무를 맡더라도 '진정 위대한 정치'를 하기 위한 용기를 잃지 않도록 해야 한다고 친히 강변했다.

현대 사회에서는 우리가 휴가를 어떻게 보낼지에 대해서 국가가 간섭하지 않는다. 더는 '즐거움을 통해 힘'을 얻는 것이 아니라 '즐거움에 최적화된' 삶을 살고 있다. 그런데도 개인이나 집단의 몸 상태를 최적화하기 위한 수단으로써의 휴가라는 개념이 여전히 남아 있는 듯하다. 우리는 휴가 기간에 심신이 회복되길 바라고, 에너지를 잘 충전한 다음 업데이트된 버전의 사람이 되어 더 나은 기능을 발휘하기를 소망한다.

어원학적으로 보자면 휴가를 뜻하는 독일어 '울라우브 Urlaub'는 허락을 의미하는 중세 고지 독일어인 '울로우프urloup'에서 왔다. 중세 고대의 한 기사가 영주에게 울로우프를 요청하는 것은 다른 지역으로 이사하도록 허락받는 것을 의미했다.

나는 심지어 사람들에게 떠난다고 통보하고 나서 아무 데도 가지 않고 그저 가만히 지내는 것만으로도 어느 정도 희열을 느낀다고 생각한다. 다시 말해 어떤 일에도 참여하지 않기로 하는 것이 사람을 흥분시킬 수 있다. 그 무엇도 하지 않고 어떤 기능도 하지 않는다.

2018년 관광 현황을 분석한 결과, 독일인은 휴가비로 1년에 평균 1,200유로를 쓴다. 이 1,200유로는 TUITouristik Union International(독일 하노버에 본사를 둔 관광업을 주력으로 하는 기업 그룹⁺)나 토머스 쿡Thomas Cook, 데어 투리스티크DER Touristik와 같은 기업의 주머니로 들어가거나 힐튼, 메리어트, 트럼프 그리고 러시아 신흥 재벌이 세운 기업이나 에어비앤비 투자자들 계좌로 흩어진다. 집에 머무는 것은 경제 성장에 기여하지 않겠다는 의미이기도 하다. 소비 사회를 거부하는 것이다. 오락 거리를 구입하는 대신 스스로 즐길 거리를 찾는 것이다. 이는 가능한 한 큰 비용을 들여 노동력을 회복할 것을 요구하는 자본주의적 흐름을 거스르는 것이다. 자신이 아닌 다른 사람처럼 살며 집에서 최대한 벗어나야 비로소 재충전된다고 꼬드기는 관광 산업을 거부하는 것이다. 온 세상이 내달리고 떠들고 사고 클릭해 대며 미치광이처럼 돌아가는 동안, 나는 어딘가에서 가만히 머물러 있는 것. 썩 괜찮은 생각 아닌가?

집에 머문다는 것은 그저 가만히 있는 것과는 다르다. 현재 상태를 받아들인다는 뜻도 아니다. 오히려 그 반대다. 집에 머무는 사람은 지구 온난화, 환경 파괴, 성장 논리에 의식적으로 저항하고, 오버 투어리즘과 개인의 정신적 지평이 마일리지 계정에 의해 결정된다는 오해를 거부한다. 집에 머무는 것은 당신을 풍요롭게 만들며 먼 여행에 대한 진정한 대안이 된다. 게다가 돈 낭비와 불필요한 신경전을 피할 수 있으니 더욱 좋지 아니한가.

저항을 실천하기 위해 집안에서 보내는 최적의 기간은 14일 정도이다. 물론 기나긴 주말을 집에서 보내는 것 역시 즐거운 일이다. 출발과 도착을 위한 시간을 절약하여 그만큼 여유가 생긴다. 당신은 이미 휴가지에 도착했으며 그곳에 오래 머물 예정이다! 그런데 휴일이 스트레스로 끝나지 않으려면 하루에 할 일을 단 몇 가지로 줄여야 한다. 따지고 보면 집에서 머무는 것은 여행지로 떠나는 휴가를 흉내 내는 것과는 다르다. 물론 수영을 즐길 수 있는 호수로 떠나는 건 두말할 필요 없이 즐거운 일이다. 하지만 이는 여행에 관한 낡은 관념일 뿐이다. 집에 머무는 것 또한 하나의 여행임을 깨닫는 것이야말로 궁극적으로 가장 멋진 일이다. 육체가 아니라 마음을 움직이는 여행. 잠시 멈추어 시선을 바꾸고 지나치게 익숙한 일상 속에서 이상하고도 놀라운 것들을 발견하는 것. 당신이 머무는 공간의 진정한 모습을 들여다보고 늘 탈출을 꿈꾸던 공간에서 삶을 제대로 살아 보는 것.

그러다가 어느새 당신은 더는 먼 곳을 그리워하지 않고 지금 이대로, 그 자체로 충만하다는 것을 깨달을 것이다. 집에는 당신을 행복하게 하는 모든 것이 있으니까. 호텔에서 제공하는 베개가 아닌 내 몸에 딱 맞는 베개가 놓인 깨끗한 침대, 비가 오건 햇볕이 쨍쨍 내리쬐건 상관없이 필요한 옷이 모두 진열된 옷장, 수도꼭지만 틀면 나오는 깨끗한 물. 그리고 잘 열리고 잘 닫히며 열린 하늘을 내다볼 수 있는 창문. 많은 사람이 떠나고 텅 빈 여름, 도시에서 집에 머무는 사람들은 그동안 그리워하던 나의 공간을 오롯이 만날 수 있다. 카페와 거리, 공원이 거의 텅 비어 있는 동안 세상이 안도의 한숨을 쉬는 그런 풍경은 마치 길고 피곤한 하루가 지나고 마침내 무거운 신발을 벗었을 때 같은 느낌을 선사할 것이다.

2

14일 일정으로 집에 체크인합니다

평일 점심 식사의 재발견

나라를 위해 무엇을 할 수 있는지 묻지 말라.
점심 메뉴가 뭐냐고 물어라.

——— 오슨 웰스

집에서 휴가를 보내는 첫날이 막막할 수 있다는 걸 인정한
다. 자유 시간이 있다고 해서 저절로 심신이 회복되는 것은
아니다. 그러면 어떻게 할까? 회사 가방은 아직 복도에 있고
어제저녁 설거지 거리가 부엌에 남아 있으며 자유 시간에 무
엇을 할지 아무 생각이 없는 상태다. 하지만 실망하기에는 아
직 이르다. 시간과 공간을 가로질러 당신을 곧장 휴식으로 이
끌 지름길이 있으니까. 좋은 동반자를 찾아 주변 지역에서 가
장 아름다운 레스토랑에서 점심을 먹을 수 있도록 테이블을

예약하라.

아주 드물지만 나는 가끔 휴가 중이 아니어도 이런 시도를 한다. 평소 같으면 포츠담 광장의 주립 도서관 열람실에 있는 일터를 떠나 길고 긴 계단을 걸어 내려와서 그리 정성이 담긴 것 같지 않은 점심을 허겁지겁 삼킬 것이다. 큰 계단을 걸어 내려왔지만, 먹음직스러워 보이지 않는 식사를 늑장 부리며 내려놓는 카페테리아로 이어지는 유리문을 열지 않는다. 그 대신, 나는 더 아래로 내려간다. 로비의 벤치에 웅크리고 앉아 슈퍼에서 산 파스타 샐러드를 먹는 사람들을 지나, 서서 보온병에 든 커피를 마시며 담배를 피우는 흡연자들도 지나 햇볕을 쬐며 샌드위치를 우물거리는 학생들도 지나친다. 가끔 너무 일찍 출발하면 돌아가는 길을 택한다. 마를레네 디트리히 광장에 있는 맥도날드를 지나다 보면 주변 사무실에서 일하는 직원들이 오후 근무를 위해 고칼로리 햄버거를 흡입하듯 먹고 있다. 유리창 너머 델리카트슨(조리된 육류나 치즈, 흔하지 않은 수입 식품 등을 파는 가게[+])에서 관광객과 유니폼을 입은 점원들이 밝은색 부리토와 잔뜩 쌓인 파니니 주위에 북적거리는 모습을 흘깃 살핀 다음, 왼쪽 모퉁이를 돌아 완벽하게 무심한 표정을 한 만달라 호텔 로비로 들어간다. 이곳은 나를 곧장 행복으로 이끄는 나만의 토끼굴이다. 엘리베이터에 올라 5층 버튼을 누르고, 꼭대기 층에 도착하면 웨이터가 미소를 지으며 베를린에서 최고급이자 가장 아름다운 레스토랑의 테이블로 안내한다.

사실 이건 미친 짓이다. 파실Facil은 『미슐랭 가이드』에서 별 두 개를 받은 레스토랑으로 내 재정 수준을 훌쩍 넘어서는 곳이니 말이다. 하지만 나는 그곳에 간 걸 한 번도 후회한 적이 없다. 내가 이 축제 같은 특별한 점심 식사를 자주 즐길 수 있는 건 결코 아니니까.

한 번씩은 아침에 눈뜨는 순간부터 점심시간을 기다리는 때가 필요하다. 나의 위 세대만 하더라도 평일에 사업하는 친구와 함께 점심 식사 한 일을 갖가지 양념을 덧붙여 이야기하는 이들이 종종 있었다. 식전주를 곁들인 멋진 식사와 식후의 한 잔 그리고 기분 좋은 상태로 사무실로 돌아와 경제적 기적을 이루기 위해 직무에 다시 매진한다는 이야기. 물론 더 느긋해진 기분으로 말이다. 하지만 그 시절이 좋았던 것은 한가로운 시간이 충분했던 탓이다. 그 시절에는 스마트폰 대신에 비서가 있고 점심시간은 단백질 식사나 체중 관리를 위한 시간이 아니라 진짜 음식을 먹는 시간이었다.

정오 무렵 포츠담 광장을 지나며, 양복을 입은 직장인들이 쏟아져 나와 배기가스로 외벽이 더러워진 패스트푸드 가게로 들어가는 것을 보고 있노라면 그들 중 누구도 그 시간을 즐기는 것 같아 보이지 않는다. 스낵바에 앉아 어깨 위로 넥타이를 넘긴 뒤 오른손에는 포크를, 왼손에는 스마트폰을 쥐고 있는 사람들. 음식을 기다리면서도 그들은 매순간 긴장하고 있다. 가능한 한 최대의 능률을 올리기 위해 급유를 하는 중에도 이미 마음속으로는 사무실 책상에 앉아 있는 것이다.

연방 식품부의 영양 보고서에 따르면, 전체 직장인의 56%가 점심시간에 집에서 싸온 도시락을 먹고, 19%는 구내식당에 가며, 13%는 재빨리 빵집이나 스낵바를 찾아 점심을 해결한다고 한다. 점심을 먹기 위해 레스토랑을 찾는 사람은 4%에 지나지 않는다. 물론 이런 현상에는 재정적 이유도 있다. 사실 우아한 식당에서 점심 먹을 여유가 누구에게나 주어지는 것은 아니다. 하지만 직장인 대부분이 점심 식사를 숙제처럼 빨리 해치우고 저녁에 집에서 제대로 된 한 끼를 먹는다는 점을 고려해 보면 돈이 유일한 원인은 아닌 것이다.

우리보다 항상 한발 앞서 가는 스웨덴 사람들은 오래전부터 저녁 식사를 '미탁middag(한낮이라는 뜻⁺)'이라고 불렀다. 사실 제대로 된 식사를 정오에 하든 저녁에 하든 상관없다고 말할 수도 있다. 저녁까지 기다려서 파스타를 먹는 것이 자신의 특별한 세련됨을 증명하는 것이라고 착각할 수도 있다.

'점심시간은 이렇게 간단히 배를 채우는 게 훨씬 건강에 좋은 것 아닌가?', '점심으로 샐러드만 간단히 먹는 게 훨씬 몸에 좋지 않은가?', '인생을 제대로 즐길 줄 아는 이탈리아인들과 프랑스인들은 점심시간에는 가볍게 먹고 진짜 제대로 된 훌륭한 식사는 저녁 시간에 몰아서 하지 않는가?'라고 되물을 수도 있다.

나는 사람들과 어울려서 저녁 식사를 즐기는 걸 반대하지 않는다. 하지만 저녁 식사는 점심 식사와는 다르다. 저녁에 우리는 휴식을 취하고, 가족과 친구들을 만나 하루를 마감한다. 저녁 식사는 선명한 직선적 흐름으로 진행된다. (이는 목적이 분명한 데이트에 유리하게 작용할 수 있다.) 그러나 정오에는 아무것도 정해져 있지 않다. 만남의 결론이 완전히 열려 있어서, 죄의식 없이 다른 남자와 데이트를 할 수도 있다. 점심 약속은 구속력이 전혀 없으며, 구속력이 없기에 완전히 새로운 공간을 만들어 낸다. 두 사람이 함께 점심을 먹는 것만으로도 공범 관계, 협력자, 공모자가 될 수 있다. 심지어 불륜에 빠지기도 하는데, 키스 워터하우스Keith Waterhouse(영국의 소설가이자 신문 칼럼니스트로 많은 TV 시리즈의 작가[+])는 대표작인 『점심의 이론과 실천The Theory and Practice of Lunch』에서 그들이 실제로 어떤 관계를 맺는지에 관계없이 점심시간에 레스토랑에서 함께 식사를 하는 것은 불륜이라고 주장했다. 사실 그의 말이 옳지 않은가? 저녁 식사가 열심히 일하고 정당한 휴식의 시간을 거두는 것이라면, 정오의 식사는 금단의 과일을 먹는 시간이다. 점심은 훔친 잠깐의 시간이며, 즐거움을 나누는 순간이자 평범한 평일 한낮에 몰래 일상을 빠져나와 파티를 벌이는 비합리적이며 은밀한 음모이다. 그러므로 진정한 점심은 식사로 위장한 사업 모임이 아니며 최상의 조합은 두 사람이 함께 식사하는 것이다. 여기에 북적거리는 가족 모임은 어울리지 않는다.

가족 모임에 대해서 말하자면, 잔치는 매일 열리지 않으니 호르스트 삼촌의 칠순 잔치에 가족 누구도 사과주스나 샐러드만 먹는 점심 식사를 염두에 두지 않을 것이다. 점심 식사도 바로 그 같은 예외적 시간이므로 그렇게 행동하는 것이 당연하고 또 그래야만 한다. (마치 휴가 첫날과 같이, 이후로는 그만그만한 휴가가 이어진다.) 보통 점심을 전혀 먹지 않는다는 이유로 전채 요리만 고집하는 사람은 웨이터가 가져온 디저트를 돌려보내는 사람과 마찬가지로 특별한 날의 의미를 이해하지 못한다. 나는 보통 때는 디저트를 먹지 않지만 숟가락이 두 개 꽂힌 커다란 크렘 브륄레 접시가 내 쪽으로 다가오는 순간 솟아오르는 복잡한 감정만큼 사람을 흥분시키는 건 없다고 생각한다.

이는 술에도 마찬가지로 적용된다. 일단 생각이 있는 사람이라면 낮 12시에 와인 반병을 훌쩍 비우지 않겠지만, 앞서 언급했듯이 점심 약속 자리에 이성과 논리의 잣대를 들이댈 수 없다. 둘째, 같이 있으면 기분 좋은 사람과 머리를 맞대고 와인 목록을 살피는 순간에 우리를 사로잡는 행복감은 어떤 것과도 비교할 수 없다. 당신이 마실 수 있는 것이 고작 큰잔에 채운 콜라 한 잔일지라도 말이다. 점심시간에 와인을 마시는 것은 휴일에만 할 수 있으므로 실제로 휴가 중이라면 그 기회를 절대 놓쳐선 안 된다.

그럼 점심을 먹기에 이상적인 장소는 어디일까? 꼭 별 여러 개가 달린 레스토랑일 필요는 없다. 사실 유명 레스토랑은 음식에 너무 큰 비중을 두어 웨이터의 요리 설명을 듣다가 점심시간이 훌쩍 지나버리기 일쑤이므로 느긋한 점심시간에 대체로 어울리지 않는다. ("이 메뉴는 우리 가게의 수련 요리사 조니가 직접 따온 야생 산마늘 꽃 절임에다, 저희와 친한 브리츠 호수의 어부가 잡아서 12년 된 사케로 8시간 동안 14도의 온도로 숙성시켜, 56도에 30분 동안 수비드 방식으로 익힌 다음 플레이팅한 연어 요리랍니다. 바로 옆에는 우커마르크에서 생물역학을 연구하는 정원사 올레가 발효시킨 당근으로 만든 소스가 있는데, 정원사는 보름달이 뜨면 뿌리채소를 위해 펑크 록을 연주한답니다!" 같은 상황 말이다!) 사실 점심시간의 데이트에서 당신 앞에 무슨 음식이 놓이는가는 그리 중요하지 않다. 전채 요리로 캐비아가 나올 필요는 없으며 신선하고 깔끔한 양상추 샐러드면 충분하다.

메뉴보다 중요한 것은 식당 분위기다. 마지막 디저트를 먹고 나서도 여전히 자리를 지키고 싶은 그런 곳 말이다. 새로 문을 연 식당들은 대체로 격조와 서비스가 살아 있는 옛 식당의 근사한 아우라를 가지고 있지 못하다. 근사한 레스토랑이란 너무 시끄럽지도 너무 조용하지도 않고, 너무 번잡하거나 테이블이 다닥다닥 붙어 있지도 않다. (촛불 아래서 저녁 식사를 하는 보통의 레스토랑과는 다르다.) 점심 식사 때에는 혼자서 카페에 앉아 옆 좌석 사람들이 만들어 내는 실시간 드라마를 엿들을 마음이 없다. 이혼을 앞두고 자세한 의논을 하는 옆 커플의 이야기를 들으며 점심시간을 보내고 싶지 않은 것이다. 일에 대한 논의는 잔가지로만 남기고 가능한 한 피하는 게 좋지만 사업상의 점심 약속 장소로 적합한 레스토랑이 혼자 점심 식사를 하기에도 좋다. (동료들과 급하게 먹는 국수 집이나 해외의 중요한 사업 파트너와의 중요한 비즈니스 식사 자리는 여기서 내가 이야기하는 점심의 종류와 관계가 없다.) 적어도 나는 남자들이 정장을 입고 여자들이 먹음직스럽게 보이는 음식에만 온 정신을 쏟지 않는, 그런 식당에 가는 걸 좋아한다. 나에게 완벽한 장소는 사람이 오가고 잡담거리가 있으며, 쌍안경 없이도 다른 손님의 접시에 무엇이 담겼는지를 볼 수 있는 곳이다. (옆 손님이 굴을 홀짝거리며 먹고 달팽이 껍질을 두드리거나 알리올리 소스에 새우를 적시는 것, 홈메이드 마요네즈 소스에 성냥개비 같은 감자튀김을 찍어 먹는 것을 보는 것보다 흥미로운 일은 없다.) 콧대가 얼마나 높은지 들어서자마자 위축되는 느낌의 레스토랑, 로크포르 치즈 크림을 곁들인 견과류 상추 샐러드 같은 메뉴의 불어 발음을 잘못하면 바보 같아 보일까 봐 전전긍긍해야 하는 레스토랑은 피하고 싶다. 가령 파실은 너무나 가볍고 편안한 분위기의 레스토랑이다. 이곳의 메뉴는 대략 마지막에 수프가 나오는 음식으로 구성이 되어 있다. 당신이 환영받지 못한다고 느끼는 식당은 분명 점심 식사를 하기에 좋은 장소가 아니다. 이상적인 레스토랑이란 손님과 웨이터가 일종의 '범죄의 동반자'가 되는 곳이다. 매끄러운 서비스로 전혀 불편함을 느낄 수 없으면서도 너무나 세심하고 친절해서 당신도 어느새 기분 좋게 후한 팁을 주는 최상의 손님이 되는 것이다.

이제 우리는 일반적으로 다소 불쾌하게 여겨질 만한 부분,

즉 계산 문제에 봉착한다. 혹시 내가 점심시간을 비싼 레스토랑에서 보낼 만한 여력이 있는 사람처럼 보인다면 분명하게 밝히고 싶다. 절대 그렇지 않다고. 하지만 나는 근사한 분위기에서 식사하면서 느끼는 행복감에 비하면 값비싼 점심 한 끼쯤은 큰일이 아니라고 생각한다. 그뿐 아니다. 나는 특별한 시간을 위해 저축을 한다. 스파에서 보내는 하루나, 멀리 떨어진 산사에서 보내는 며칠간의 명상 프로그램 말이다. 영혼이 깨어나고 공기 같은 가벼움이 나를 감싸며 완벽한 순간 속에 내가 달라이라마가 된 듯한 느낌에 사로잡힌다. 물론 그 후에는 아무 일도 할 수 없다. 하지만 온 세상이 오후의 졸음과 싸우며 카페인을 들이부을 때, 위궤양을 키우는 대신 오후 일찍 집으로 돌아가는 것만큼 현명한 일은 없다. "맥주 스쿠터를 타고 집으로 돌아간다." 라는 영국식 농담처럼 다리가 저절로 움직여서 집으로 날아가는 기분이 든다.

그리고 나는 점심 식사 후의 흐뭇한 기분에 잠겨 동료에게 예고 없이 한턱내기도 한다. 저녁 식사 후에는 대부분 한 사람이 계산하거나 더치페이를 한다. 하지만 점심시간에는 누구도 그걸 예상하지 않는다. 동료가 다른 사람의 구내식당 식대를 계산하거나, 모퉁이를 돌면 나오는 이탈리아 레스토랑의 음식 쿠폰을 당신에게 내밀어 놀라게 할 일은 거의 없다.

하지만 아무도 예상하지 못한다는 바로 그 점 때문에 다른 사람의 음식 값을 대신 내주는 즐거움이 더욱 커진다. 점심 식사는 예고 없는 것이어서 재미있고, 깜짝쇼가 두 배로 늘어나니 즐거움도 더욱 커진다.

'오프라인
상태입니다.'

"우리 애들은 아직 사용하지 않습니다.
집에서 기계와 함께 보내는 시간을 제한하거든요."

─── 스티브 잡스가 자신의 10대 자녀들이
아이패드를 어떻게 생각하느냐는 질문을 받고 한 말

잠깐 동안 금지 사항에 대해 설명할 것이다. 맹세컨대 이 책에 나오는 유일한 금지 사항이다. 집에서 휴가를 보내는 2주 동안 원하는 만큼 먹고 마실 수 있다. 느긋하게 뒹굴며 자고, 꾸벅꾸벅 졸거나 벌떡 일어나 쇼핑을 하러 가고 말도 안 되는 소리를 지껄이거나 세상의 불의에 눈을 감아도 된다. 담배를 피우고 운동을 중지하고 마요네즈 소스가 듬뿍 담긴 감자튀김을 주문해도 된다. 하지만 집에서 휴가를 보내려면 이 작은 약속은 반드시 지켜야 한다. 컴퓨터를 끄고 가능하면 손가락이 스마트폰에 닿지 않도록 하라. 페이스북에 로그인도 하지 말라. 인스타그램도 안 된다. 트위터도 마찬가지다. 서랍에 스마트폰을 넣어 두고 어쩔 수 없는 때에만 열라. 휴가 기간치고는 너무 자주 열게 되겠지만. 대신 낡은 손목시계를 찾아서 시간을 확인하고, 세상이 무너질지도 모른다는 두려움을 떨쳐내기 힘들다면 휴가 기간 동안 일간신문의 무료 예비 구독자가 되어 보라.

오해는 하지 말기를. 나는 인터넷을 매우 괜찮은 도구로 여긴다. 인터넷에서 이미 많은 것을 배웠고 흥미로운 의견들을 접했으며 많은 낯선 세계를 들여다보았으니까. 하지만 어리석게도 최소한의 이익도 얻지 못한 채 그 안에서 지나치게 많은 시간을 보낸 것도 사실이다. 끊임없는 방해! 그렇다고 내가 몇 초에 한 번씩 이메일을 받는 것도 아니다. 하지만 언제든지 인터넷에 접속할 수 있는 것은 끊임없는 유혹이며 거부하기 힘들다. 그러다 보니 항상 인터넷에서 무언가를 들여다보고 중요하지 않은 사건들을 살피며, 나의 생각을 탐구하기보다는 하찮은 일에 생각을 빼앗긴다. 인터넷을 사용할 수 없다면 나는 얼마나 많은 일을 할 수 있을까! 누군가와 언제나 연결되어 있지 않다면 나는 얼마나 더 나은 생각을 할까!

그러니 직장에서 며칠간의 휴가를 받았다면 차고 다니는

스마트 팔찌도 자발적으로 벗어 버려야 현명하다. 휴가를 통해 추구하는 목표가 있고 지금 여기 나 자신과 함께 머무는 시간이 이상적이라면, 조그마한 기계가 끊임없이 소리와 빛을 내거나 진동하면서 주위를 흩뜨린다면 결코 성공적인 휴가를 보낼 수 없을 것이다.

스마트폰 사용을 자제할 수 있는 사람이 분명 있긴 하다. 이들은 비상시에만 전화기를 사용하고 대중교통 파업 여부나 일기예보 정도만 확인한다. 하지만 대부분은 분명 그렇지 않다. 연구에 따르면 사람들은 하루에 최대 214번이나 휴대폰에 손을 댄다고 한다. 그렇다고 갑자기 스마트폰에서 손을 떼라고 하기는 어렵다. 우리 모두는 이 기기에 지나치게 익숙해진 나머지 스마트폰이 없으면 지갑이나 집 열쇠 없이 여행하는 것처럼 허전한 느낌이 든다.

실제로 소파에서 30분 동안 쉬려고 누워 무심코 휴대폰을 집어 들었다가 그 안에 갇혀 버린 경험이 없는 사람이 어디 있을까? 휴대폰 메시지에는 절대로 민첩하게 답장하지 않으면서 뉴스를 재빨리 훑어보려고 페이스북을 들여다본 적은 없는가? 뉴스에서는 언제나 무슨 일인가 일어나고 실제로 할리우드 커플의 이혼 소식이나 분데스리가의 중요한 이적 소식, 다른 정치인을 대중 인기 영합주의자라며 비난하는 정치인의 목소리가 울려 퍼진다. 미처 깨닫기도 전에 우리는 휴식을 취하고 에너지를 되찾기는커녕 엉뚱한 곳에 이미 30분을 허비했음을 깨닫는다. 깨달음과 동시에 짜증이 밀려온다. 자유 시간조차 마음먹은 대로 지키지 못하고 떨어진 케이크 부스러기에 집착하는 어린아이처럼 행동하면서 스스로 마음의 주인이 되긴 이미 틀린 일이라고 느끼기 때문이다. 결국 30분 동안 소파에 누워 있었음에도 전보다 훨씬 마음이 불편할 뿐 아니라 자신에 대한 분노에서 벗어나기 위해 다시 스마트폰으로 눈을 돌린다. 마치 생텍쥐페리의 소설에 나오는, 술을 너무 많이 마셔서 슬픈 나머지 또 다시 술을 퍼마시는 술주정뱅이와 다를 바 없다.

사실 중독과 비교하는 게 그리 억지스럽지는 않다. 일부 연구원들은 스마트폰이 어린이의 뇌에 미치는 효과를 코카인의 효과와 비교한다. 이를 '석기시대 반사 작용'의 맥락에서 설명하는 연구자도 있다. 풀 속에서 바스락거리는 소리를 발톱을 세운 호랑이의 공격이 임박했다는 신호로 받아들이는 것처럼 우리의 뇌는 아주 작은 자극에도 즉각 반응하도록 설계되었다. 새로운 메시지 알림 신호가 우리를 살짝 흥분시키는 간질간질한 느낌을 주듯 말이다.

컴퓨터 과학자 트리스탄 해리스Tristan Harris는 스마트폰을 심지어 슬롯머신에 비유했다. "휴대폰을 볼 때마다 그 안에 무엇이 들었는지, 또 무엇을 얻을 수 있을지 궁금해진다." 문단의 호평을 받은 대표적 에세이 『기술은 어떻게 사람의 마음을 사로잡는가How Technology is Hijacking Your Mind』에서 그는 스마트폰의 앱이 중독성을 갖도록 오랜 시간에 걸쳐 의도적으로 설계되었다고 설명한다. 왜냐하면 프로그래머들은 우리가 포털사이트 뉴스나 페이스북의 알림 버튼을 클릭하는 행동 하나하나가 때로는 즐거움으로 때로는 지루함으로라도 확실히 보상받도록 만들기 때문이다. 해리스는 "보상받는 경우가 다양할수록 중독의 위험은 커진다. 왜냐하면 클릭한 후 지루한 광고가 나올지, 드라마틱한 뉴스가 나올지 예측할 수 없으면 다음 보상을 기대하며 계속 휴대폰을 사용하게 되기 때문이다."라고 썼다.

해리스는 자신이 한 말이 무슨 뜻인지 잘 알고 있다. 그는 첫 직장인 구글에서 사용자의 관심사를 어떻게 다룰지에 대한 윤리적 기준을 개발하려고 노력했지만, 의견이 묵살당했다. 구글이라는 거대 업체를 떠난 후 그는 글로벌 규모의 인터넷 산업의 관심 경제를 개혁하기 위해 휴먼 테크놀로지 센터를 설립했다. 그는 지금 인터넷 산업의 가장 선구적인 비평가들 중 한 사람이다. "우리는 모두 이 시스템에 연결되어 있다. 우리의 뇌는 캡처될 수 있다. 우리가 내리는 결정은 생각만큼 자유롭지 않다."

자신이 유령이라고 부르던 것들과 싸우는, 기술 분야의 중도 탈락자는 해리스만이 아니었다. 페이스북의 '좋아요' 버튼을 발명한 저스틴 로즌스타인Justin Rosenstein은 자녀를 걱정하는 부모를 위해 스마트폰에 새 앱 설치를 막는 통제 장치를 개발했다. 로즌스타인의 전 동료인 레아 펄먼Leah Pearlman은 현재 페이스북 뉴스 댓글을 볼 수 없도록 차단하는 브라우저 확장 프로그램을 사용한다. 실리콘 밸리에서 수년간 컨설턴트로 일했으며 『훅Hooked』의 저자이자 성공적인 신경제의 고문 역할을 하고 있는 니르 이얄Nir Eyal은 어떤가. 누군가 중독성 있는 제품을 만들면 그는 미리 프로그래밍 한 타이머에 홈 라우터를 연결해서 인터넷 연결을 끊게 했다. 그리고 거의 모든 앱의 내용을 업데이트하고 특정 웹사이트의 접근을 차단하는 '새로 고침' 기능을 발명한 로렌 브리처Loren Brichter는 푸시 알림을 비활성화하고 아내와 두 명의 가까운 친구 외에는 아무와도 이야기를 나누지 않는다. 그는 2017년 『가디언』지와의 인터뷰에서 "내게는 아이가 둘 있는데 스마트폰에 빠져서 아이들에게 관심을 두지 않았던 것을 항상 후회합니다." 라고 말했다. "스마트폰은 유용하지만, 중독성이 있습니다. '새로 고침' 버튼은 중독성이 강하죠." 우울하게 들리지만 더 우울한 소식은 스마트폰의 이러한 기능은 잠재적 중독성을 지니며 스스로 쉽게 업데이트되므로 사라질 수 없다는 점이다. 라스베이거스에서 슬롯머신 레버를 몇 시간이고 잡아당기는 불쌍한 인간들처럼 우리는 스마트폰의 반복성에 지나치게 익숙해져서 벗어나지 못한다.

사실 스마트폰을 무시하려고 발버둥치는 당신에게는 잘못이 없다. 우리가 마주한 적은 한 개인이 아니라 우리의 관심을 통째로 가로채서 가능한 한 오랫동안 머물도록 하는 것만이 목적인 거대한 산업체이다. 그렇기에 스마트폰이 있는 한 좋은 책에 관심을 쏟기가 그토록 힘든 것이다. 세계 최고의 제빵사가 사과 한 알로 다이어트를 하려는 사람의 코 밑에 환상적인 향을 뿜어내는 초콜릿 칩 쿠키를 들이민 것과 다를 바 없다.

스마트폰 중독에서 벗어나도록 돕는 프로그램은 오래전부터 존재했으며, '디지털 디톡스 캠프'부터 '주머니 속 작은 기기를 제어하기 힘든 이들을 위한 8단계 계획'까지 다양하다. 언론 기사에서 스마트폰 없이 지내는 하루와 한 주에 대한 깨달음을 다루기는 하지만, 내용은 사실 중독 치료 보고서처럼 오히려 두려움을 키운다. 그러다가 새로운 '스마트폰 금식'이

얼마나 이로운지, 또 자유로움을 주는지에 대한 묘사로 끝이
난다.

이는 전혀 도움이 되지 않는 행동이다. 살을 빼고 싶다면
절대로 주머니 속에 곰돌이 젤리를 넣고 다녀서는 안 된다.
전원을 잠시 끄고 싶으면 일단 스마트폰에서부터 시작하라.
효과가 있을 것이다. 휴가 중에 낭가파르바트산을 오르거나
고요한 산사에서 명상 수련을 한다고 생각해 보자. 거기에는
네트워크가 있을 리 없으며 그 사이에 세상도 당신 없이 돌아
갈 것이다. 만약 그것이 불가능하면 휴대폰을 무음 모드로 바
꾸고 푸시 알림을 모두 끈 다음 불필요한 앱도 다 지우라. 놀
라운 효과가 있을 것이다. 아니면 휴대폰을 흑백 모드로 바꾸
어도 좋다. 그것만으로도 세상에서 일어나는 일이 훨씬 덜 흥
미롭게 느껴질 것이다. 이러한 전략이 적어도 내게는 꽤 도움
이 되었다.

어차피 나는 낮에는 온라인에 접속하지 않는데, 일부러 인
터넷 접속을 차단한 도서관에서 글을 쓰면서 시간을 보냈기
때문이다. 이는 집중력을 높이는데 기적처럼 효과가 있었다.
몇 달 전까지만 해도 나는 인터넷도 안 되고 카메라 기능도
없으며 구식 자판이 장착된 단순한 휴대폰을 가지고 있었다.
그러다 불편함이 용납할 수 없는 수준에 이르러서야 나는 거

의 몇 백만 년 전에 출시된 것 같은 블랙베리 스마트폰을 사기로 결정했다. 지금은 이걸로 이메일도 읽고 메시지도 주고받지만 스크린이 너무 작아서 읽기나 쓰기가 힘들어 비상시에만 사용한다. 휴대폰에 앱을 거의 설치하지 않고 페이스북도 인스타그램도 없으며 메시지를 주고받는 기능도 거의 없다. 지하철을 타는 동안 주의를 끌만한 흥미로운 오락 거리가 하나도 없는 것이다. 게다가 데이터 정액제가 없는 오래된 기기라서 공공 와이파이 연결도 할 수 없으니 인터넷을 사용하려면 일일이 사용료를 지불해야 한다. 문득 너무 많이 먹어치울까 봐 빵집에서 자신이 좋아하는 빵을 결코 사지 않으셨던 아버지가 생각나는 이유는 무엇일까?

아무것도
하지 말라

아무것도 하지 말고
풀이 자라는 것을 지켜보라.
시간의 흐름 속으로 빠져들라.
항상 일요일인 것처럼 살라.

——————— **롤랑 바르트**

휴대폰을 껐고 인터넷 연결도 끊겨, 어쩌면 휴일 같은 느낌이 당신 안에서 서서히 퍼지고 있을지 모른다. 아침에 푹 자고 일어나 방 안으로 들려오는 소리를 음미하라. 멀리서 들려오는 교통 소음, 커튼 틈으로 스며드는 아침 햇살 그리고 괴로울 일 없는 산뜻한 기분. 그 기분을 즐겨라! 아무것도 하지 말고, 일어나고 싶은 충동에 저항하라!

아침에 침대에서 뒹굴기보다 행복한 일은 없다. 자명종 시계의 시침이 7을 지나(보통 내가 일어나는 시간) 8에 닿았다가(평소에 집을 나서는 시간) 드디어 9에 도착하면 나는 혁명에 가까운 희열을 느낀다. 일어날 필요가 없다! 옷을 갈아입지 않아도 된다! 양치질도 아침밥도 필요 없어! 이 세상의 질서에 나를 밀어 넣지 말라고! 이보다 더 만족스러운 일을 상상하기 어려울 정도다. 그러나 불행히도 가끔 이 세상에 홀로 남은 듯 느껴지기도 한다.

1950년대까지만 해도 독일인에게 세 번째로 흔한 여가 활동은 '창밖을 내다보기'였다. 오늘날에는 생각지도 못할 일이다. 대부분 사람들에게 아무것도 하지 않는 것은 거의 코를 후비거나 자위하는 행위, 혹은 스스로를 만족시킬 뿐 전혀 이롭지 않은 다른 행위와 마찬가지로 용납할 수 없는 일이다. 우리는 한 인간의 가치가 일의 성과와 관련이 있다는 믿음에 사로잡힌 사회에서 살고 있다. 그러다 보니 취미나 가족보다는 직업적인 성공을 통해 더 많은 자부심을 얻게 된다. 해야 할 일이 많을수록 중요한 사람이며 사회적 명성은 더 높아진다. 심지어 부동산 사기꾼이나 무기 로비스트 혹은 수십억 단위의 탈세에 책임이 있는 사람들조차 그런 부류에 해당된다. 우리는 청교도적 오류에 굴복하고 있다. 구원받을 권리를 얻기 위해서는 무엇이건 해야만 하는 것이다. 반면에 저녁 약속 시간에 "오늘은 뭐 했어?"라는 질문을 받고 "아무것도 안 했어."라고 답하는 것은 거의 "오늘 고름이 가득 찬 여드름이 너무 많아서 그걸 모조리 짜내는 데 하루 종일 걸렸어."라고 말하는 고해성사나 진배없다. 우리 시대에 아무것도 하지 않기란 저녁 시간에 낮 시간 동안 직장생활에서 받은 스트레스를 덜기 위해 참여한 요가 수업 마지막에, 일명 '송장 자세'로 불리는 '사바사나Shavasana'를 취할 때에만 유일하게 허용된다.

그렇다고 그런 활동이 우리를 평화롭게 하는가? 어림도 없다. 우리는 시간이 없다고, 스트레스를 받는다고 끊임없이 불평한다. 집중하지 못하고 하루 종일 멍한 상태로 사는 것에 대해서도 불평한다. 삶의 본질적인 것들이 손가락 사이로 끊임없이 빠져나가는 듯한 불안감을 호소하기도 한다. 이러한 느낌은 그저 주관적인 것만은 아니다. 직장 생활을 하면서 집중하지 못해서 생기는 정신 질환의 비율은 지난 10년 사이에 두 배 가까이 늘었는데, 이명이나 수면 장애, 소화불량 등이 꾸준히 증가하고, 번아웃 증후군은 급속도로 증가하고 있다. 통계상으로 노동 시간이 꾸준히 감소하고 있다고 하지만 이러한 현상은 더욱 심화되고 있다. 독일인은 매년 31일간 휴가를 보내며, 연방 주州마다 다르긴 하지만 연간 9~13일의 공휴일이 있는데 우리의 삶을 되찾기에는 더할 나위 없이 적절한 시간이다. 그럼에도 휴가가 끝나고 나서 몸과 마음이 개운하게 회복되었다는 느낌은 거의 들지 않으며 만약 그렇다 할지라도 효과가 1~2주 넘게 지속되기는 어렵다. 어쩌면 그것은 우리가 매우 흔한 휴가의 논리에 충실하기 때문일 수도 있다. 즉 여행이나 관광을 할 때 재미있고 흥미로우며 지역의 특색을 볼 수 있는 요소를 하나도 놓치지 않으려 애쓰는 것이다.

사실 가끔씩은 나조차도 '돌체 파르 니엔테dolce far niente(아무것도 하지 않는 것의 달콤한 게으름⁺)'를 감당하기 어렵다. 나는 아들을 낳고 2년 뒤에 딸을 낳았고 이 사치를 누리기가 더욱 어려워졌다. 그런 기회가 드물게 찾아온다 해도 느긋하게 즐기기도 힘들다. 저녁에 침대나 소파에 느긋하게 누워 쉬는 것은 별일 아니다. 하지만 꽉 찬 하루가 기다리고 있는 아침에 아무것도 하지 않고 느긋하게 쉴 수 있는가? 작가 비외른 케른Björn Kern은 아무것도 하지 않는 것에 대해 쓴 흥미로운 책에서 그것을 '최고의 훈련'이라고 했다. 우리가 생각하는 것과는 달리 아무것도 하지 않는 것은 할 일을 하나도 하지 않는다는 것을 의미하기 때문이다. 그것은 수동적인 어슬렁거림이 아니라 적극적인 활동이다. 빨래와 미납금, 전날 저녁의 지저분한 설거지 거리 등 해야 할 일이 아우성치는 상황을 적극적으로 모른 척해야 한다. 세상의 수레바퀴를 계속 돌리지 않으면 앞으로 튀어나와 우리를 채찍질하는 양심과 적극적으로 싸워야 한다. 가능한 한 빠르게 외부 세계와 다시 연결되려는 유혹에 사력을 다해 저항해야 한다. 적어도 커피는 내릴 수 있지 않느냐고 유혹하는 사이렌의 부름에 응답하지 않기 위해서는 실제로 오디세우스처럼 우리의 몸을 침대에 묶어야 한다!

하지만 사실 우리가 굳이 침대에서 아침 커피를 마실 필요는 없다. 페이스북이나 뉴스가 굳이 필요하지 않는 것처럼. 우리가 한두 시간 안에 뉴스를 꼭 봐야만 세상이 돌아가는 것은 아니다. 사실 침대에 머무는 것은 세상이 우리에게 제공하는 기회를 붙잡지 않고 놓는 것이다. 충동을 따르지 않는 것이다. 기회가 하나씩 지나가도록 내버려 두는 것, 기계적인 존재를 떠나는 것, 그런 후에 무슨 일이 일어날지 지켜보는 것이다.

이상한 일이다. 우리는 끊임없이 몸을 다이어트로 내몰고, 설탕과 첨가물 없는 식재료를 찾는다. 에카르트 폰 히르슈하우젠Eckart von Hirschhausen은 음식 섭취를 8시간으로 제한하고 남은 16시간 동안은 맥주 한모금도 마시지 않는 '간헐적 단식'을 대중화시켰다. 이는 건강한 단식 방법 같지만, 사실 우리의 엄격한 사고 기관이 단 한순간도 휴식을 취하지 못하게 한다. 아무리 여러 가지 문제를 해결하는 순기능이 있다고 할지라도 말이다. 실제로 우리는 뇌가 한순간이라도 작동하지 않는 것을 못 견딘다. 이메일을 여는데 3초 이상 걸리면 우리는 긴장한다. 교통 체증으로 온몸의 아드레날린이 끓어넘친다. 병원 대기실에서 우리는 심지어 환자를 위한 잡지나 암검진용 팸플릿을 훑어보기도 한다. 기차가 늦기라도 하면 어떻게 반응할까? 우리는 직장의 스트레스가 시작되기 전에 기다려야 하는 시간을 선물로 여기고 눈을 감고 몸을 이완시키는 대신 격분하여 페이스북에 글을 올린다.

게으름은 정말 모든 악의 시작인가? 다른 관점으로 보던 때가 있었다. 고대에는 힘든 일을 경멸했을 뿐 아니라 노예제를 유지해야 할 진정한 이유로 받아들였다. 좋은 혈통을 가진 사람은 땀을 흘리는 일 대신에 겉보기에 창의적인 여가 활동을 선호했는데, 이를 더 철학적이며 지성적인 일로 인식했다. 카토Cato는 "겉보기에 아무것도 하지 않을 때보다 더 활동적인 때는 없으며 고독 속에 혼자 있는 것보다 외롭지 않은 일은 없다."라고 말했다. 니체 또한 무위만이 진정한 자유라는 것을 깨달았던 철학자였다. "노동자들은 기계의 어리석음에 따라 돌멩이처럼 굴러다닌다." 그는 「노동하는 사람의 치명적 결함」이라는 장에 이렇게 썼다. "자신을 위해 하루의 3분의 2의 시간을 보내지 않는 사람은 노예이다. 그의 직업은 정치가, 상인, 공무원, 학자이다."

아르키메데스Archimedes가 부력의 원리를 이해한 곳이 사무실 안이었던가? 당연히 아니다. 존 레넌은 어떤가? 곡을 쓰려고 5시간이나 애쓰다가 포기하고 소파에서 기지개를 켤 때 히트곡 「노웨어 맨Nowhere Man」이 떠올랐다. 나도 마찬가지다. 글을 어떻게 써나가야 할지 아무 생각도 떠오르지 않을 때 내가 할 수 있는 최선의 일은 그저 침대에 몸을 던지고 머리카락으로 장난을 치거나 머릿속이 거품으로 부글거리도록 내버려 두는 것이다. 세계에서 가장 중요한 발견의 90%가 침대에서 나왔을 것이라 확신했던 중국의 작가 임어당林語堂은 1937년에 쓴 「침대에 누워서」라는 수필에서 침대에서 더 멋지게 시간을 보낼 수 있는 비결을 자세하게 묘사한다. "그곳에서는 수많은 전화 통화와 선의로 찾아오는 방문객, 일상의 온갖 자질구레한 일로부터 자유로울 수 있다. 그곳에서 삶은 마치 거울이나 진주 커튼을 통해서 보는 것처럼 다가오는데 시적 관념의 빛이 비추어 현실 세상을 마술적인 아름다움으로 채우는 것이다."

대부분 한 번쯤은 싸움을 포기하는 순간 최고의 영감이 떠오르는 걸 경험했을 것이다. 편지의 첫 문장을 애타게 찾거나 무슨 선물을 살지 생각나지 않을 때, 직장에서의 어려운 문제로 고민하고 있을 때 말이다. 물론 마법 같은 순간은 강렬

한 숙고의 시간 후에 찾아온다. 물리학자가 고대 철학의 절박한 문제를 해결하는 것을 기대하기는 어렵다. 하지만 준비 작업이 이루어지면 우리가 유도하거나 압박하거나 강요하지 않아도 자연스럽게 해결책이 따라오는 경우가 많다. 과학적 연구 결과도 이 같은 사실을 증명한다. 자기공명영상MRI 기계로 촬영한 결과, 어떤 것을 생각하고 집중하는 순간 우리 뇌의 특정 부위가 활동을 멈추는 것으로 밝혀졌다. 하지만 열심히 노력하기를 멈추면 그 부위의 활동은 급증한다. 뇌의 많은 부분은 우리가 아무것도 하지 않을 때 더욱 활발하게 움직이는 것이다!

미국의 뇌 연구학자 마커스 레이클Marcus Raichle은 이러한 뇌의 중립적 모드를 '디폴트 모드 네트워크default mode network'라고 불렀다. 이는 '휴식의 네트워크'로 불리기도 하는데, 외부의 입력에 반응할 필요가 없고 자극에 대해 독립적으로 생각할 수 있는 자유가 있을 때 비로소 찾아온다. 이때 신경 연결이 이루어지고 새로운 경험은 과거 경험의 거대한 보물 창고 속에 분류되며, 새로운 지식은 재평가되어 새롭게 연결된다. 뇌 연구원인 울프 싱어Wolf Singer가 '자신의 내부로 산책 가기'라고 부르는 것처럼 뇌가 기회를 얻는 것이다. 언론인 울리히 슈나벨Ulrich Schnabel은 그가 쓴 흥미로운 책에서 휴식의 중요성을 이야기하며 이를 인용한다. 아무것도 하지 않는 시간에 우리 의식은 디폴트 모드 네트워크로 작동하는데 우리의 자의식도 이때 구성된다. 따라서 건강한 빈둥거림은 정신 건강을 위해 꼭 필요하다.

그런데도 행동의 원칙을 기반으로 하는 우리의 어리석은 일상의 습관들을 보라. 얼마 되지 않은 여유 시간을 TV나 페이스북에 바치는 것으로 무위의 시간을 해친다. 왜 그럴까? 잠깐이라도 천장을 응시하며 흥미로운 혼잣말을 하는 두뇌의 소리에 귀를 기울이기에 이미 너무 무기력해진 탓일까?

그러나 아무것도 하지 않는 이 시간이 훨씬 소중하다는 걸 알아야 한다. 하루 종일 우리를 유혹하고 조종하고 휘두르는 목소리에 무릎을 꿇지 않을 때, 일상생활에서 무시해 온 내면의 소리, 즉 진정한 욕구의 목소리를 듣기 때문이다. 그리고 이러한 진정한 욕구는 비외른 케른이 잘 묘사한 것처럼 "화면 앞에서 목을 문지르면서, 친애하는 하트만 씨로 시작하는 이메일을 또 다시 쓰라고" 스스로에게 지시하는 것과는 다르다. 최신 스마트폰 모델, 인조 속눈썹 마스카라, 또 다른 유료 채널, 올가을에 유행하는 의상 색깔이나 향이 첨가된 화장지도 굳이 우리 삶에 필요하지 않다. 내면의 목소리에 오랫동안 귀를 기울인다면, 이 모든 것이 없으면 인생이 더 나아질 것이라는 생각마저 들지 모른다. 사랑하는 사람과 함께 햇볕 속에 앉아 있거나 오후에 아이들이 뛰어노는 모습을 지켜보거나 와인을 한 잔 마시는 것이 삶을 더 건강하게 만드는 것을 말이다. 우리는 게으름이나 악덕을 지나치게 금기시한 나머지, 사람들이 갑자기 멈추어 서서 엄청난 마케팅 전략이 있어야만 판매할 수 있는 불필요한 물건을 계속 생산하는 것이 과연 유용한지를 묻는 순간 자본주의 체제가 붕괴될지도 모른다고 우려한다. 하지만 지나치게 부지런을 떨며 일어나 여기저기 돌아다니는 대신 침대에 누워 햇빛이 방안을 통과하는 것을 보며 자연스레 숨을 쉬고 소화시키며 세상이 움직이고 시간이 흐르는 것을 지켜보는 것이 더 행복한 일이 아닐까?

공교롭게도 나치 정권도 사람들이 아무런 활동을 하지 않으려 하는 것을 매우 두려워했다. 1938년 1월 26일, 힘러 Himmler는 일할 수 있음에도 '그럴싸한 이유도 없이' 일하지 않는 사람들을 모조리 부헨발트 강제 수용소로 보내라고 명령했다. 이들의 눈에 '일을 회피하는' 사람은 국가라는 건강한 유기체를 감염시키는 위험한 세균과 같은 존재였다.

하루 휴가를 받은 날, 아침에 욕실에 들어가 나갈 준비를 하기 전 한두 시간 정도는 빈둥거리며 시간을 보낸다. 그러다 보면 내 자신이 자본주의라는 모피 속에 숨어 사는 해충, 혹은 사회라는 기어 속에 끼어 있는 미세먼지 같은 존재인 듯 느껴진다. 빈둥거리지 말라고? 아니! 천만에. 빈둥거림이야말로 가장 자유로운 저항의 형태이다. 엄마의 잔소리와 사람들의 통념, 미친 듯 빠르게 돌아가는 우리 사회의 속도에 저항하는 운동이다. 멋지지 않은가!

진정한 산책은 어슬렁거리다 흥미로운 것이 보이면 멈추는 것

> 1839년에는 산책할 때 거북이를 데리고
> 다니는 것이 우아하게 비춰졌다.
> 이는 당시의 산책 속도를 짐작하게 한다.
>
> ─────── 발터 베냐민

세상에 대한 관점이 얼마나 갑자기 변할 수 있는가에 대해 나는 항상 놀라움을 금할 수가 없다. 오랜 세월 전쟁을 치러온 것들과 어떻게 갑자기 화해할 수 있을까. 딸이 태어나는 순간까지 나는 세상 아기들이 대체로 같은 존재, 그저 아기일 뿐이라고 생각했다. 당연히 사실이 아니었다. 같은 부모 밑에 태어나 같은 배내옷과 내복, 이웃에게 빌린 아기용 침대를 썼지만 내 딸은 태어난 순간부터 아들과 매우 달랐다. 아들은 체구도 작고 부드러운 성격인데, 딸은 체구가 크고 강인한 성격이었다. 아들은 태어나서 처음 한 달 동안 엄청나게 울어 댔지만, 딸은 차분하고 독립적이었으며 지나가다 우연히 몸을 굽혀서 아기 침대를 바라만 봐도 웃음을 터트렸다. 아들과는 달리 딸을 재우려고 유모차를 밀며 시내를 돌아다닐 필요가 없어지자 내 삶은 바뀌었다. 전에는 유모차를 끌고 나가기 싫었는데 강제로 나갈 필요가 없어지자 신발을 신고 아기를 유모차에 태워 걷는 일이 즐거워졌다.

그 전까지는 동네에 그다지 신경을 쓰지 않았었다. 물론 이곳으로 이사를 한 후 우리는 필요한 가게와 식당을 찾아 다녔고 어디선가 새로운 카페가 문을 열면 알아차렸다. 하지만 그 외에 내게 이웃 동네란 되도록 빨리 지나치는 하나의 풍경일 뿐이었다. 나는 눈앞에 보도블록을 내려다보거나 먼 곳을 보며 걷곤 했다. 저녁에는 유통기한이 얼마 남지 않은 우유가 든 식료품 가방을 들고 서둘러 지하철을 타러 가곤 했다. 나는 언제나 내게 절대적으로 필요한 것만을 주변에서 보고 다녔다. 자전거를 타고 길을 건너는 사람들, 멀리서 다가오는 버스, 이제 막 불빛이 바뀐 신호등. 개똥 더미와 더러운 웅덩이, 비가 내릴 듯한 느낌, 지하철을 놓칠 거라는 걸 알려 주는 거의 눈치 채기 어려운 열차의 덜컹거림 소리. 나는 언제나 늦었고 해야 할 일들이 회전목마처럼 머릿속을 맴돌았다. 이런저런 사소한 난관을 뚫고 번번이 제시간에 지하철을 타긴 했지만 허둥지둥하는 내 모습에 스스로 놀라곤 했다.

유모차를 밀며 아들과 함께 긴 산책을 할 때에는 개 짖는 소리나 멀리서 들려오는 구급차 소리에 아들이 깰까 봐 벌벌 떨곤 했다. 하지만 딸과 함께 산책하는 동안은 날씨가 좋은 날 바깥에서 신선한 공기를 느끼는 것이 즐거워 콧노래가 절로 나왔다. 어느 순간 나는 산책을 사랑하게 되었다. 우회로 없이 A에서 B로 곧바로 이어지는 일상생활의 터널을 그대로 두고 나는 서두르지 않으며 바깥으로 나갔다. 처음으로 아파트의 현관문을 닫으며 목적지를 생각하지 않고 그저 걸으면서 세상을 보고 냄새 맡고 들었다.

인류 역사에는 유명한 산책자가 여럿 있었다. 베토벤은 비엔나의 성벽을 거닐며 위대한 음악을 머릿속으로 작곡한 후 오선지로 옮겼다. 발터 베냐민Walter Benjamin은 유명한 '아케이드 프로젝트Passagen-Werk'를 산책하는 동안 탄생시켰다. 러스 마이어Russ Meyer 감독은 점심 식사 후 2시간 동안 산책을 하면서 「슈퍼빅센Supervixens」과 「메가빅센Megavixens」 그리고 「더 빨리 푸시캣, 죽여라 죽여!Faster Pussycat! Kill! Kill!」 같은 고전물의 줄거리를 떠올렸다. 철학자 키르케고르Kierkegaard도 니체나 루소처럼 산책을 좋아했다.

나 또한 현재의 순간에 도착하는 것이 유일한 목표였던 19세기의 산책자와 같은 느낌이 든다. 홀로(그리고 유모차에 탄 내 아기와) 걷는 이 산책이 만족스러우면서도 사람과의 만남에 열려 있다. 느긋하게 거리를 두고 걸으면서도 기분이 좋은 상태이고 억지로 속도를 내지 않으며 스스로를 진정으로 자유롭게 놓아주려 한다. 기분에 따라서 걷거나 어슬렁거리기도 하고 갈지자로 걷거나 살짝 속도를 높이거나 낮추기도 하면서. 뭔가 흥미로운 것을 보면 그 자리에 멈춘다. 계속 가고 싶으면 걸음을 이어간다. 발터 베냐민이 말한 것처럼 나는 가능한 한 스스로를 열어 두려고 한다. "싱가포르의 항구에서 막 배에서 내린 터라 아직 문 앞 깔개도 사람도 본 적이 없다." 풍경을 만드는 사람이자 사진작가 그리고 산책 애호가로서 베르트람 바이사르Bertram Weisshaar가 묘사하는 것처럼 '열린 미지의 세계로 이어지는' 산책을 하는 것이다. 여기서 몸을 움직이는 것은 오히려 마음이다.

그럼에도 내 몸은 이미 느끼고 있었다. 많은 이가 조깅의 이로운 효과를 이야기하지만 아무 생각 없이 걸어도 몸에 좋다는 사실은 알지 못한다. 걷기는 요통과 골다공증, 우울증, 심지어 암뿐만 아니라 심혈관 질환까지 예방한다. 관절에 무리를 주지 않으며 산책 후에 땀으로 범벅이 된 몸을 씻어 낼 필요도 없다. 몇 주 동안 유모차를 몰고 거리를 돌아다니다 보니 어쩌면 조깅하는 사람들보다 내가 더 낫다는 느낌마저 들었다. 나는 걷는 동안 산책의 거리와 속도에 대해서는 그리 신경 쓰지 않았다. 또한 행동의 원칙에 얽매이지 않고 순간순간 걸음을 내디디며 전에는 문 앞에 놓여 있어도 결코 보지 못했던 것들을 새롭게 깨닫게 되었다.

그것이 나를 가장 놀라게 했다. 그동안 아름다움과 모험을 찾아 비행기를 타고 지구의 반 바퀴를 돌아다니던 내가 너무나 진부하고 시시할 것 같은 우리 동네에서 날마다 새로운 발견을 하게 된 것이다. 프랑스의 철학자 프레데리크 그로 Frederic Gros는 책 『걷기, 두 발로 사유하는 철학Unterwegs. Eine kleine Philosophie des Gehens』에서 얼마나 오랜 시간을 걸었는지 더 이상 기억할 수 없고 자신이 어디에 있으며 어디로 가는지 상관없어지는 순간에 얻게 되는 자유에 대해 묘사한다. 이는 일상적인 삶에서의 자유일 뿐 아니라 간혹 드물게 명상을 통해서 경험하는, 자아를 벗어난 상태의 자유로움이다. 사실 나도 자전거나 버스를 탈 때는 볼 수 없었던 미세한 삶의 요소들을 마주하면서 정신 분석학자들이 '떠다니는 주의력'이라고 이름 붙인 상태에 몰입되는 경험을 했다. 그렇다고 세상이 산산조각 나는 경험 같은 건 전혀 아니었다. 예전에는 알아차리지 못한 고층 빌딩의 옥상에 걸린 시계라든지 빌헬름 왕조 풍의 건물 외벽, 아무도 살지 않는 것 같은 아파트의 발코니에 놓인 지난 크리스마스 장식물들, 길모퉁이 집의 현관 앞 반석에 매일 누군가가 놓아 둔 장미 한 송이, 가게의 먼지가 잔뜩 낀 창문, 무척 잘 다듬어진 어느 집 앞마당, '펍의 펍'이나 '마취실' 같은 우스꽝스러운 술집 간판들 말이다.

프랑스의 철학자 롤랑 바르트Roland Barthes는 '걷고 보고, 살고 경험을 함으로써' 도시 안으로 들어가고, 민속학자처럼 탐구하고 살아가며 자신의 것으로 만드는 과정에서 그곳을 진정으로 알게 된다고 말한 바 있다. 그 말이 오만하게 들릴 수도 있지만 딸을 유모차에 태우고 베를린 쇠네베르크 지역과 그 주변을 돌면서 나는 실제로 민속학자와 같은 시선으로 도시를 바라보게 되었다. 여행을 온 이방인이 아니라 한 부분이 되어서 내 주변의 삶을 관찰하게 되었다. 어린 시절 어른들의 눈에 띄지 않고 내가 살던 동네를 돌아다닐 때의 느낌과 비슷했다. 그 당시 나는 자주 어디론가 돌아다니며 길이나 계단에 올라가 보고 주변의 숲이나 목초지를 탐험하고 벽 위를 기어오르거나 포장된 차고 앞에서 뜀뛰기를 했다. 단지 그것들이 거기에 있었기 때문이었다. 그러면서 뭔가 마법 같은 일이 벌어지기도 했다. 내 시선과 손길이 닿은 벽과 정원은 나만의 벽과 정원으로 변신했는데 부모님과 같이 걸을 때조차 그곳은 나만의 왕국 안에 있는 비밀로 가득 찬 영역이 되었다. 그런 일이 다시금 내게 일어났다. 이 동네가 느닷없이 내 눈에만 보이는 내 동네가 된 것이다.

몇 년 동안 거의 눈을 들지 않고 몽유병자처럼 베를린을 거닐던 내게 문득 같은 시간 속에서 나와 거리를 공유하는 사람들, 그전까지는 거의 관심을 두지 않았던 사람들이 눈에 들어왔다. 동네를 배회하며 광장의 연못에서 종종 목욕을 하는 호피 무늬 레깅스를 입은 알코올 중독자 같은 여자, 거지로 보이지는 않지만 언제나 내게 말을 걸어오는 짙은 회색 코트를 입은 흑인 남자, 아동 용품 가게에서 만나는 독일어와 이탈리어를 가르치는 호들갑스러운 선생님. 조금씩 나는 마치 사랑하는 사람의 얼굴이 그러하듯 이웃들의 모습과 친숙해졌고 조금씩 더 가까워졌다. 불과 11개월밖에 차이 나지 않는 연년생 아이들이 있다고 말한 '내' 길거리 신문 판매원. 그는 내가 가까운 슈퍼에서 우유나 초콜릿을 사는 동안 딸의 유모차를 대신 밀어 주었다. 경찰관으로 일하다가 작전 중 살해된 쌍둥이 형제를 둔 작은 컴퓨터 가게 주인과, 역시 태어난 지 얼마 안 된 아기가 있는 그 옆 술집의 셰프. 그는 일찍 퇴근하여 딸을 돌보아야 해서 저녁에 판매할 음식을 낮에 미리 준비하느라 바빴다. 낮에는 채찍과 가죽 목걸이 등을 팔고 저녁에는 암에 걸린 장인을 돌보는 게 일과인 게이 페티시 가게 주인도 알게 되었다. 매일 걷다 보니 이상한 일이 일어났다. 목적 없이 돌아다니다 보니 어느덧 집에 도착한 것이다. 나는 말 그대로 뿌리를 내렸다.

오일째

자연을 있는 그대로
느껴야 하는 이유

숲으로 산책을 나갔다가
나무보다 더 커져서 나왔다.

─────── 헨리 데이비드 소로를
생각하며

나는 오랫동안 시골 여행의 긍정적인 효과란 상당히 과장
된 상상에서 비롯된 것이라 여겼다. 건강 잡지를 사면서 어쩐
지 더 건강해진 느낌이 든다. 샐러드가 가득 찬 접시를 비울
때도 마찬가지이다. 자연 속을 두 발로 걸으면서 무슨 느낌이
드는가? 시원한 공기 속에서 활동을 하고 나면 약간 더 건강
해진 느낌이 들지 않은가? 바로 그런 것이다!

나는 뼛속까지 도시 사람이었다. 시골 여행은 콘서트나 고
성을 방문할 때, 외딴 박물관에서 오후를 보낼 때 외에는 해

본 적이 없다. 그곳은 날씨 좋은 날 하루 종일 방에 앉아 있기 아쉬워 찾는 장소일 뿐이었다. 때로는 모험의 대상이고 때로는 나를 감동시키거나 울컥하게 하는 경험을 가져다주지만, 자연은 그저 내 눈앞에 나타나는 현상일 뿐 그 이상은 아니라는 사실에는 변함이 없었다.

그렇다고 내가 생태학적 관심이 없었던 것은 아니다. 나는 그린피스Green Peace의 오래된 회원이자 목초지에서 나는 유기농 제품과 달걀을 구입했다. 하지만 내 행동은 자연과의 연대의식이라기보다는 정치적 동기에서 비롯된 것에 가까웠다. 나는 항상 자연과는 완전히 동떨어진 사람이라고 생각했다. 물론 먹거리와 주거지 그리고 친구들, 멋진 이웃과 빠른 인터넷이 필요하지만 그 외에는 독립적이고 자유로운 사람이라 생각했다. 내 주변의 몇몇 이웃이 창문 앞에 놓아둔 화분 속 식물들의 안위에 대해 심각하게 염려할 때에도 나는 아무것도 기르지 못하는 내 '똥손' 이 자랑스러울 지경이었다. 내가 때로 발코니에서 기르는 식물들은 내 손이 닿는 순간 모두 죽어 버리기 때문이다. 바질과 선인장, 손님이 가져온 화분들, 결혼식 날 남편과 내가 영원한 사랑의 상징으로 받은 올리브 나무까지 말이다. 나는 틈만 나면 도시 밖으로 차를 몰고 나가는 사람들을 좀 바보 같거나 이상한 종교의 신봉자들 같다고 생각했다. 그리고 언젠가 친구들이 베를린 동쪽에 있는 호수 근처의 오두막을 샀다고 말했을 때 나는 마치 그들이 사교 종파에 가입하거나 매듭 공예를 시작했다고 고백하기라도 한 것처럼 쳐다보았다. 친구들이 나를 그곳으로 초대했을 때 나는 "그럼!"이라고 대답했지만 속뜻은 "내 인생에선 절대로 그런 일이 없을 거야!"였다. 안전한 교외의 지하철 노선이 지나지 않는 지역으로 갈 생각은 굳이 심각하게 하지 않았다.

하지만 그 후 우리에게 아이가 생겼고 더는 주말을 카페와 레스토랑 그리고 소파에서 책이나 읽으며 보낼 수 없다는 깨달음이 커졌다. 나는 아이들이 닭과 비슷하다는 걸 알게 되었다. 아이들도 좁은 공간에 가두고 뛰어다니지 못하게 하면 답답함에 미쳐서 서로를 쪼아댄다. 우리는 주말마다 동네 놀이터로 우리의 작은 강아지들을 데려가 놀게 하는 일에 완전히 진저리가 나자 마침내 친구의 오두막에 가기로 했다.

예상했던 대로 가는 길은 끔찍했다. 마을 길과 나무로 덮인 비탈길 사이로 15개의 튜브 모양의 정원이 빼곡하게 들어차 있고, 그 사이에 거의 구 동독 시대에 지어진 것 같은 작고 나지막한 방갈로가 있었다. 쥐똥나무 울타리와 삐걱거리는 할리우드식 그네, 녹슨 조리 화구 두 구와 뒤죽박죽으로 섞인 접시들, 방수 아웃도어 의자와 두툼한 고무장화, 낡은 플라스틱 장난감과 오래된 정원 호스, 비뚤어지고 누렇게 색이 변한 커튼, 부엌 비스름한 곳에 놓인 설탕과 티백이 가득 든 항아리. 바로 우리 세대와 그전 세대의 사람들이 토스카나로 탈출해서 만났던 세상이었다. 너무나 편협한 세상이기도 했다.

그리고 지독하게 비참한 상황 속에서도 새롭게 만든 야생 과일 생울타리에 대해 얘기하다가 행복한 표정으로 오레가노와 집에서 만든 코넬리안 체리 잼을 자랑하는 친구. 그녀는 PVC 장판이 덮인 오두막에 들어서기 전에 우리 모두가 신발을 벗었는지 꼼꼼하게 살피기까지 했다. 친구 무리 중 처음으로 한 친구가 아이 엄마가 되고 나서 내가 느꼈던 감정이 되살아났다. 한때는 꽤 재능 있던 이들이 어떻게 눈꺼풀 하나 까딱하지 않고 아이의 침이 묻은 프레첼 조각을 주워 먹고, 아무렇지 않게 아이의 토사물이 묻은 신발을 물티슈로 닦아 내는지 이해할 수 없었다.

그때 다른 곳에서는 전혀 겪지 못했던 뜻밖의 일이 밖에서 일어났다. 아들이 사라진 것이다. 집에서 교육용 장남감을 가지고 놀다가도 쉴 새 없이 짜증을 내곤 했던 세 살배기 아들이 밖으로 달려 나가 울타리 뒤로 사라져서 돌아오지 않았다. 근처 호수에 아들이 빠지기라도 했을까 봐 애가 탔다. 남편이 오두막 뒤쪽 흙 웅덩이 속에서 그를 찾았을 때, 아들은 막대기와 돌로 자신만이 이해할 수 있는 놀이에 열중하고 있었다. 같은 시간에 딸은 풀밭을 기어 다니며 꽃이며 나뭇조각과 딱정벌레들을 입에 넣고 행복하고 느긋한 미소를 지었다.

처음에는 그저 궁금했을 뿐인데, 얼마 후 내게도 변화가 일어나고 있음을 깨달았다. 내 감시 모드가 꺼진 것이다. 도시의 부모들은 끊임없이 금지령을 내리며 살아간다. (계단 옆의 손잡이를 잡아라, 얘야. 길에서는 뛰면 안 돼! 거기 서! 조심해, 조심하란 말이야! 그렇게 빨리 가지 말고 너무 느리게도 안 돼!) 하지만 그곳에는 사실 호수 외엔 위험할 게 없었다. 금지하거나 규제하거나 감시해야 할 것이 없다는 것이 얼마나 기분 좋은 일인지 깨달을 수 있었다. 나는 결코 헬리콥터 맘 타입은 아니지만 그래도 어딘가에 착륙한 느낌이 들었다. 그저 거기 앉아서 친구들과 수다를 떨며 호수와 정원을 거닐다가 내가 알아차리지 못했던 여러 가지 사소한 것들, 오래된 사과나무의 이파리를 통해 비치는 햇빛과 오후의 빛에 붉게 물든 토마토 열매, 이름도 없고 어떤 식물에 속하는지도 알 길 없는 알록달록 화려한 꽃과 별난 모양의 잎사귀들을 감상했다. 저녁이 되어 집으로 돌아오는 길에 나는 고맙게도 신선한 오레가노와 세이지 잎을 선물로 받았는데 슈퍼마켓에서 사려면 비싼 값을 지불해야 할 것들이었다.

솔직히 처음에는 믿지 않았다. 아이들이 그저 좋은 하루를 보냈고 그곳에서는 휴대폰 신호가 제대로 잡히지 않으니 오히려 하루가 더 멋질 수 있었다고 생각했다. 하지만 더 단순하고 더 여유로운 삶으로 가는 길이 정말 그토록 간단하다는 걸 상상할 수 없었다. 그저 주변에 약간의 푸르스름한 녹지만 있어도 기분이 전환된다면 사람들이 왜 굳이 도시에 살겠는가? 수천 년 동안 성공 신화로 자리해 온 생활 방식과 개념에 오류가 있을 리 없지 않은가? 내가 아는 주변의 가족들은 거의 모두 주말 별장 없이도 잘만 살지 않은가? 심지어 발코니 없는 아파트에 사는 사람도 많다.

몇 주 후에 우리는 다시 차를 타고 야외로 나갔고 이전과 똑같았다. 아이들은 아무데서나 행복하게 놀고 우리는 편안하게 앉아 쉬었다. 몇 주 후에도 같은 그림이 펼쳐졌다. 아이들은 스트레스로부터 해방되었고 부모인 우리는 거의 열반의 경지에 이르렀다. 그저 아이들이 행복해서일까? 자연이 우리 모두에게 긍정적인 영향을 끼치지 않았을까? 조깅도 하이킹도 하지 않고, 풀을 뽑거나 땅을 파지도 않고 손가락 하나 까닥하지 않았는데 말이다. 우리는 그저 벤치에 앉아 초록 세상을 만끽하면서 온몸을 쭉 펴고 맨발에 닿는 잔디의 감촉을 느꼈을 뿐이다.

수많은 연구가 실제로 자연이 우리에게 얼마나 이로운가를 보여준다. 신선한 공기를 쐬는 것은 운동이 가져다 주는 긍정적 효과를 능가한다. 전 세계의 과학자들은 한마디로 충고한다. 차를 몰고 야외로 더 자주 나가라고. 일단 인간의 눈은 도시 경관을 보기 위해서 만들어진 것이 아님을 알아야 한다. 색상의 심리적 효과를 연구한 결과를 보면, 도로의 회색이 우리를 공격적이고 불행하게 만드는 반면, 자연의 푸른색과 초록색은 평온함을 준다는 사실을 알 수 있다. 진화의 역사를 돌아보면 그것은 우리 주변에 물이 가까이 있다는 신호이자 갈증으로부터의 해방, 생존을 의미했으므로 긴장이 풀릴 수밖에 없었다.

　더욱이 자연은 진정 효과를 준다고 증명된 패턴들로 가득 차 있다. 일부의 작은 조각이 전체의 모양을 닮아 있는 구조를 '프렉털Fractal'이라고 부르는데 이러한 구조는 크고 작은 차원에서 모두 볼 수 있다. 예를 들어 나무의 구조와 모양을 잎맥에서 볼 수 있고 바다에서는 작은 파도가 결합하여 큰 파도가 되기도 한다. 로마네스크 브로콜리나 얼음 결정도 마찬가지이다. 미국의 물리, 심리학, 미술 교수 리처드 테일러 Richard Taylor는 이러한 무한한 구조를 바라보면 인간의 스트레스 수준이 60퍼센트까지 낮아지는 이유를 연구했다. 그 결과 자연환경 속에서 발전된 인간의 시각 시스템은 이러한 패턴을 힘들이지 않고 자연스럽게 처리한다는 것을 알아냈다. 마음이 평온해지는 것은 아무런 노력이 필요 없기 때문이다. 인간이 자연을 바라보는 것을 좋아하는 이유는 자연스럽게 잘해내는 일이기 때문이다.

우리의 감각 기관도 도시보다는 자연이 가진 매력에 더 잘 적응하는 것 같다. 시끄러운 거리의 소음이나 반복해서 깜빡거리는 인공조명 같이 도시의 자극은 획일적인 반면, 자연이 주는 자극은 다양하다. 빛과 그림자의 상호 작용, 끊임없이 바뀌는 기온, 변화하는 색깔과 바람이 불거나 잦아들면서 나뭇잎이 바스락거리는 소리. 이 모든 것들은 우리의 감각을 과하지 않게 자극한다. 게다가 도시는 어떤가. 교통 체증과 스마트폰 진동 소리, 지하철의 번쩍거리는 광고와 자극적 문구, 시끄러운 이웃 등 무언가가 끊임없이 우리의 관심을 끈다. 반면 자연에서 우리는 주의를 기울이고 싶은 것에 집중하기가 한결 쉽다. 축축한 흙냄새나 광활한 들판, 윙윙거리는 하루살이나 땀에 젖은 목덜미를 식히는 한 줄기 바람 등.

내 말이 애매하게 들리는가? 그렇다면 숲길 산책이 지닌 긍정적인 효과에 대한 글을 찾아 보라. 믿을 수 없을 것이다. 일본은 1980년대부터 산림욕을 국가의 건강 프로그램에 넣었으며 2012년부터 대학 연구소에서 '산림 의학'이라는 분야를 연구했다. 일본 과학자들은 숲에 들어서면 아드레날린이나 코르티솔 같은 스트레스 호르몬이 감소하고 혈압과 혈당 수치가 낮아진다는 사실을 밝혀냈다. 숲속을 걷는 것은 우울증을 완화하고, 심혈관계 및 신진대사 시스템을 건강하게 만들며, 집중력과 기억력을 향상시키고, 에너지와 열정을 북돋운다. 또한 수면의 질을 높이고 면역 체계를 강화한다.

나무로 둘러싸인 숲에서 하루만 지내도 혈액 속의 자연 살해 세포Killerzellen가 40퍼센트나 증가한다고 한다. 자연 살해 세포란 면역 체계가 구축되어 특정 항체가 형성될 때까지 바이러스, 박테리아를 비롯한 여러 침입자들을 견제하는 특별한 백혈구이다. 이것은 심지어 종양 세포와 잠재적인 암 세포를 체내에서 제거하기도 한다. 그 효과는 일주일 후에도 측정될 수 있다. 숲에서 이틀을 보내면 효과는 한 달 내내 지속된다! 이유는 무엇일까? 바로 테르펜Terpene 때문이다. 이는 식물이 박테리아, 곤충, 곰팡이 등의 공격을 받을 때 분출되어 숲 공기 중에 기체 형태로 축적되는 2차 식물 물질이다. 식물은 테르펜을 통해 해충으로부터 스스로를 보호하는 것은 물론이고, 이웃한 식물에게 '경고' 신호를 보내어 해충이 도착하기 전 정확하게 소리를 해독하고 구체적인 보호 조치를 취하도록 도움을 주기도 한다. 테르펜은 생태계의 식물들이 서로 소통하는 언어 같은 것이다. 분명 우리 인체도 그 암호를 해독하는 능력이 있다.

무엇보다 중요한 것은 굳이 산림욕을 하러 멀리까지 갈 필요는 없다는 것이다. 2017년부터 문을 연 '독일 최초의 공인 스파 및 의료 리조트'인 우제돔섬Usedom까지 갈 필요도 없다. 거주지 또는 근교 도시에 있는 숲만으로도 충분하며, 대중교통으로 쉽게 갈 수 있는 곳도 많다. 그루네발트Grunewald나 테겔러 숲Tegeler Forst, 뒤셀라우엔Düsselauen이나 초르부슈Chorbusch, 플로처Flaucher, 라크모어Raakmoor 또는 그루터발트Greutterwald 숲 등. 숲속의 모험 길도 스포츠 활동을 위한 운동 기구를 모두 섭렵해야 하는 것도 아니다. 등산용 지팡이와 고어텍스 재킷, 트레킹 장비도 필요 없다. 나무를 껴안거나 명상을 할 필요도 없다. 그냥 숲속에서 공기를 들이마시기만 하면 된다. 숲에서 즐기는 타입이 아니라고? 문제없다. 단지 짙푸른 식물이 가득 찬 곳을 걷는 것만으로도 오랫동안 빠른 걸음으로 거리를 걷는 것보다 스트레스 지수가 훨씬 더 많이 내려가는 것을 느낄 것이다. 사실 굳이 움직이지 않아도 된다. 미시간 대학의 연구원들은 그저 '자연의 느낌이 나는' 환경에서 20분이나 30분 정도를 지내는 것만으로도 코르티솔 수치를 효과적으로 낮출 수 있다는 사실을 알아냈다. 특히 책을 읽거나 전화 통화를 하거나 손가락으로 스마트폰 화면을 넘기는 동작을 멈추는 것만으로도 크게 도움이 된다. 굳이 야외 활동을 즐길 필요도 없는 것이다! 자연이 주는 좋은 영향은 영하 5도를 넘나드는 1월이나 화창한 여름날이나 마찬가지다. 5분 동안만 자연 속에 머물러 보라. 즉시 효과를 볼 수 있다. 딱 5분이다!

분명 우리는 가장 작은 자연 단위조차도 훌륭하게 흡수한다. 방에 식물 화분을 놓아두면 공부에 더 집중할 수 있다. 창밖을 통해 녹음이 우거진 자연을 바라보고 나면 청년들도 복잡한 업무를 보다 빨리, 더 완벽하게 처리할 수 있다. 자연 속에서 창의력과 문제 해결 능력뿐 아니라 기억력과 기분도 향상된다. 미국의 여성 심리학자 프랜시스 쿠오Francis Kuo가 시카고의 한 대형 아파트 단지 주민들의 건강을 조사한 결과, 아파트에서 나무나 화단을 볼 수 있는 사람들이 주차장을 내다보는 사람들보다 삶의 질이 더 높다는 사실을 알아냈다. 창문 앞에 나무가 서 있을 때 치유 효과가 커지는 것을 스웨덴의 연구원인 로저 S. 울리히Roger S. Ulrich가 발견하기도 했다. 그의 유명한 '창문 연구'는 수술 후 병원 침대에서 창밖을 내다보는 환자들이 벽을 마주한 환자보다 진통제를 덜 필요로 한다는 것을 증명했다. 이후 연구에서 그는 집 근처에 있는 식물도 환자의 회복을 촉진하며 자연 풍경을 담은 사진(올리히의 경우 나무가 늘어선 강줄기의 사진)도 환자의 병세를 더 빨리 회복시키고 진통제 사용을 줄이는 데 도움을 준다는 사실을 발견했다. 자연 속에서 하루를 보내면 그토록 뿌듯한 느낌이 드는 것이 당연한 것이다.

오해를 피하기 위해 말하면, 나는 도시와 시골, 문명과 자연을 서로 대결 구도로 놓는 데는 관심이 없다. 나는 도시 생활을 좋아한다. 사람들과 함께 있는 것을 좋아하고, 식당과 서점, 박물관에 가기를 좋아한다. 근처에 식료품 가게가 있어야 삶이 편안하다. 하지만 나는 도시가 우리에게 얼마나 많은 것을 요구하는지, 또 우리가 필요한 것들을 생산하기 위해 얼마나 많은 것을 쏟아부어야 하는지를 알게 되었고, 그런 도시에서는 회복의 에너지를 얻기 힘들다는 것도 이해하게 되었다. 그러면서 나는 실용적인 삶을 위해 거리낌 없이 도시를 압축시키는, 즉 휴경지나 녹지를 생활 공간으로 만들어 사용하는 삶으로부터 서서히 멀어졌다. 도시의 녹지 주변에 사는 사람은 그렇지 않은 사람보다 삶의 만족도가 훨씬 높으며 당뇨병과 비만, 우울증, 수면 장애, 불안, 관절 질환, 심장 및 호흡기 질환의 위험성도 감소한다는 연구 결과도 볼 수 있다. (실제로 이는 분명 인과관계가 있는 것으로 보인다. 공원 근처로 이사하고 나면 삶이 보다 만족스러워진다.) 토론토에 있는 한 연구 단체는 주거 단지마다 나무를 열 그루 더 심으면 1만 달러의 임금이 인상되고 7년 정도 젊어지는 것만큼이나 거주민의 행복 지수가 올라간다는 사실을 발견했다. 물론 역효과도 관찰된다. 서울호리비단벌레Agrilus marcopoli Obenberger가 미국에 퍼지면서 한때 나무가 무성했던 주거 지역이 삭막한 황무지로 변했다. 이 지역에서는 심혈관 질환과 호흡기 질환으로 인한 사망률이 증가했다. 분명히 자연의 증가만이 아니라 자연의 손실도 그에 합당한 결과를 불러오는 것이다. 당연한 일이다! 자연은 수백만 년 동안 우리의 서식지였다. 우리는 자연 서식지를 빼앗긴 동물들에게 무슨 일이 일어나는지 알고 있다. 예를 들어 동물원에 갇힌 동물들을 보라. 야생에서는 한 번도 경험하지 못했던 행동 장애를 앓는 동물들이 속출한다.

또한 도시에 사는 사람은 시골에 사는 사람보다 정신 질환에 걸릴 위험이 훨씬 더 크다. 특히 정신 분열증은 자연과의 연결 고리가 훨씬 더 분명한데 도시 거주자가 정신 분열증에 걸릴 위험은 두 배나 크다. 왜 그럴까? 정신병에 쉽게 걸리는 사람들이 대도시로 몰려들었기 때문일까? 아니다. 오히려 도시가 클수록, 또 도시에서 오래 살수록 정신 질환에 걸릴 가능성이 높아진다. 연구자들은 그 원인이 사회적 밀도와 고립에서 비롯되는 사회적 스트레스 그리고 무엇보다 자연과의 접촉 결핍으로 본다.

　자연과 정신 건강과의 상관관계는 심지어 미생물학으로도 정당화될 수 있다. '마이코박테리움 바카에Mycobacterium vaccae'라는 박테리아는 모든 자연 토양 생태계에서 볼 수 있다. 우리 모두는 자연 속에서 이 박테리아를 삼키거나 들이마신다. 그것은 우리의 장내 식물군의 일부가 되어 항체 형성을 자극하고 면역 억제 효과를 가져온다. (그중에서도 결핵 병원체로부터 몸을 보호하고 아이들이 알레르기 체질이 되는 것을 예방한다고 연구를 통해 증명되었다. 도시에 사는 아이들은 알레르기 체질이 될 확률이 시골 아이들보다 3배 더 높고 천식 발병률이 8배 더 높다.) 장 속의 마이코박테리움 바카에는 우리의 신체뿐 아니라 뇌 건강에도 영향을 미친다. 박테리아가 신체로 들어와 우리의 정신 건강을 향상시키며 심지어 불안 장애와 정신 질환을 예방한다는 연구 결과도 있다. (박테리아가 세로토닌의 균형에 긍정적인 영향을 미치고 심리적 문제와 연관된 염증을 완화시킨다는 사실과 관계 있다.) 따라서 자연과의 접촉 결핍이 장내 식물의 구성과 신진대사 활동에 악영향을 미치기 때문에 많은 도시인이 질병에 시달리는 것이 아닐까 추측할 수 있다. 그러므로 한 번씩 숲이나 호수, 공원으로 나가 '자연 약'을 복용하는 것은 피상적인 웰빙을 위한 발걸음이 아니라 실제로 건강을 지키는 데에 큰 도움이 된다.

시골에서 휴가를 보내며 진정으로 자연과 교감을 느끼고, 무릎을 꿇고 땅을 파 보고 싶은 욕구조차 생길지 모른다. 현대 사회는 디지털화되어 사람들이 대부분 책상 의자에서 일어나지 않고도 삶을 꾸려갈 수 있지만, 땅 한 조각을 얻어서 호미와 씨름하며 채소를 가꾸려면 온갖 애를 써야 한다. 사람이 어떻게 해서 땅으로 돌아가게 되었는지를 말해 주는 책들이 요즘 다양하게 출판되었다. 한 런던의 요리 비평가는 토종 채소류를 기르면서 어린 시절의 트라우마를 치유한 경험을 책에 털어놓았다. 마이케 빈네무트Meike Winnemuth는 '자신이 직접 삽으로 파낸' 땅을 딛고 일어서는 행운을 찾았다고 고백한다. 또는 잡초를 뽑으며 영성을 발견한 철학자 한병철 교수도 있다. 그는 "밭에서 더 오래 일할수록 땅에 대한 존경심이 깊어졌다. 땅이야말로 진정 성스러운 창조물이라는 것을 깊이 확신하고 있다."라고 말한다.

물론 한병철 교수와는 달리 나는 신의 존재를 믿지 않지만, 생명체가 존재한다는 것과 세상에 방향을 부여하기 위해 살아 있는 무언가가 있다는 것을 살면서 두 번이나 확신했다. 첫 번째 확신을 가진 순간은 갑자기 뱃속에 있는 다른 존재가 나를 지배하기 시작한 것을 느낀 첫 임신 때였다. 하나의 세포가 갑자기 분열하여 잘 설계된 프로젝트를 향해 앞으로 나아가면서 정확하게 계획대로 움직이는 것을 목격한 것이다.

그 다음 순간은 내가 처음으로 작은 씨앗을 종자용 화분에 심고 조심스럽게 물을 주었을 때였다. 매초마다 세상에서 2억 번 일어나는 일이 얼마 후에 일어났다. 씨앗이 벌어지면서 작은 새싹이 공중으로 무한하게 부드럽고 연약한 코를 내밀었다. 그것은 길고 강인하며 가지마다 주렁주렁 오이를 매단 오이 넝쿨이 되도록 설계된 모종의 싹이었다. 그동안 수많은 것을 보았지만 그 경험은 무척 놀라웠다.

오늘날 우리는 살고 죽는 영원의 순환을 이어가는 자연과 거의 접촉하지 않는다. 나는 작은 정원에 완두콩, 토마토, 오이를 재배하는데 어느 정도 성공을 거두었다. 그보다 더 놀라운 것은 식물이 자라는 것을 가끔씩만 들여다보아도 테르펜을 규칙적으로 들이마시는 것만큼이나 건강에 도움이 된다는 사실을 깨달은 것이다. 물론 내 이론을 실험을 통해 증명할 수는 없다. 이 확신은 내 깊은 곳에서 솟아나 나를 충족시켜 주었을 뿐이다. 세상은 우리를 전혀 필요로 하지 않는 살아 있는 존재로 가득 차 있다. 제초제와 중장비로 파괴하는 대신, 녹색 생명이 주변에서 자라고 증식하는 것을 보기만 해도 우리에겐 유익하다. 자연은 우리가 보든 말든 상관하지 않고, 누가 어떤 차를 마시는지, 어떤 친구가 페이스북을 하는지와 같은 우리의 걱정과 허영에는 전혀 영향받지 않으며 저절로 자라고 시들어 간다. 세상은 스스로를 낭비하고 소비하지만, 그것은 우리를 위한 것이 아니며 그저 우리를 있는 그대로 받아들일 뿐이다. 따라서 지구상의 공간을 당연하게 여기고 우리의 권리를 주장해서는 안 된다.

그래도 멋진 점은 이 모두를 경험하기 위해 아주 먼 곳을 여행할 필요는 없다는 것이다. 사파리나 정글 탐험대를 예약할 필요도 없고, 히말라야산맥이나 파타고니아 혹은 나미비아 공화국이나 몽골, 핀란드의 광활한 평원까지 갔다 와야만 상쾌하고 재충전된 상태에 도달하는 것도 아니다. 가까운 공원이나 숲, 호숫가만 가도 충분하다. 혹은 옛 동독 지역의 방갈로 옆 작은 정원도 좋다.

요리하는
즐거움이 주는 마법

항상 필요한 것보다
더 큰 냄비로 음식을 시작하세요.

─────── 줄리아 차일드

몇 년 전 한 레스토랑을 찾았는데 그 경험이 내 삶을 바꾸었다. 그 레스토랑은 니스의 오래된 마을들을 지나는 수많은 일방통행로 구간 중 하나인 라울 보시오 거리에 있었다. 밖에서 보면 전혀 눈에 띄지 않는 벽 속의 구멍과도 같았다. 빨간색 차양과 나무 구슬 커튼, 문 앞에 있는 낡은 자전거. 실내는 또 어떤가. 기다란 복도와 좁은 테이블 앞에 놓인 등받이 없는 의자, 화장실과 작은 오픈 부엌을 합쳐도 28제곱미터밖에 되지 않은 크기의 실내. 메뉴 대신 테이블로 가져오는 슬레이트 보드에는 고전적인 프로방스 지역의 음식 메뉴가 적혀 있었다. 라타투이(양파, 후추, 가지, 호박, 토마토를 넣어 끓인 스튜의 일종[+])와 소꼬리 요리, 송아지 머리와 곱창 소시지, 양파 타르트와 육수, 건어물 요리. 이곳은 전자 예약 시스템은 물론이고 전화도 이메일 주소도 없어 예약하려면 직접 가거나 엽서를 보내야 한다. 그럼에도 20개의 좌석은 거의 항상 손님으로 꽉 찬다.

거기에는 이유가 있다. 라 메렌다La Merenda는 니스에 사는 크리스티안느와 장 구스티 부부가 운영했는데, 이미 그 지역에 훌륭한 음식점으로 소문나 있었다. 그러다 두 사람은 어느 시점에서 은퇴를 하기로 결심했다. 『미슐랭 가이드』별 두 개짜리 고급 레스토랑의 수석 요리사였던 도미니크 르 스탕Dominic Le Stanc이 그들이 떠난 자리로 들어왔다. 하지만 그는 아무것도 손대지 않았다. 두 종류였던 와인 대신 이제 세 종류의 와인이 있는 것만 빼고. 다른 건 그대로이다. 르 스탕은 세련된 변신을 위해 인테리어 디자이너를 고용하지 않았고, 새 가구도 사지 않았으며 부엌을 리모델링하지도 않았다. 어떤 것도 현대화하거나 개선하지 않았다. 무엇보다도 메뉴를 그대로 두었다. 그리고 모든 요리를 구스티 부부가 했던 그대로 내놓았다. 문을 연 순간부터 저명한 요리사인 르 스탕은 매일 조그만 부엌에 서서 그가 오기 전 수십 년 동안 선보였던 요리를 정확하게 똑같이 준비해서 내놓았다.

물론 나는 르 스탕이 일했던 '샹트클레Chantecler'에서 식사한 적은 없었다. 하지만 분명 그는 지금까지도 바닷가재와 푸아그라를 비롯해 불 위에서 할 수 있는 온갖 종류의 요리를 내놓을 것이다. 그는 최고의 레스토랑(알자스의 전설적인 『미슐랭 가이드』별 세 개짜리 레스토랑인 '오베르쥬 드 릴L'Auberge de l'Ill'을 포함해)에서 배운 모든 것들을 말끔히 묻고, 대신 할머니가 오랫동안 해 왔을 법한 방식으로 음식을 요리하기로 마음먹은 것이다.

마치 모차르트가 클래식 음악을 작곡하는 걸 그만두고 민요를 부르기로 한 것과 같은 변신이었다. 그가 이를 통해 더 나은 무엇을 발견할지는 알 수 없다. 하지만 의도적으로 자신의 잠재력을 사용하지 않고 겸손하게 누군가 항상 해 왔던 일을 하다니? 창조적인 삶의 방식을 따르지 않다니? 모든 것을 완벽하게 포기하고 아무것도 개선하지 않다니? 우리는 독창성이 최우선인 사회에 살고 있다. 옷이나 가구, 인스타그램 게시물을 통해 개성을 표현하기 위해 최선을 다한다. 여기에는 여행하는 방식과 요리하는 방식도 물론 포함된다. 누가 이런 흐름에 참여하기를 포기하겠는가? 만약 전통 방식의 레스토랑을 넘겨받았다면 나는 분명 모든 걸 개선하려고 시도했을 것이다. 불편한 가구나 매우 단순한 와인 메뉴를 바꾸고 비실용적인 슬레이트로 된 메뉴판 등을 개선하려 했을 것이다. 메뉴를 수정하고 요리를 현대화하려 했을 것이다. 내 부엌에 어울리는 나만의 장소를 만들려고 했을 것이다.

하지만 나는 주문한 직후에 웨이터가 테이블로 가져온 라타투이를 포크로 처음 떠서 맛보고 르 스탕의 겸손함이 어디서 왔는지를 곧바로 이해할 수 있었다. 라타투이의 맛은 그 자체로 완벽했기 때문이다. 양념과 맛이 완벽하게 조화를 이루고 식감이 부드러우면서도 살아 있었다. 토마토, 가지, 고추뿐 아니라 지중해 지역의 태양과 코트다쥐르 지역에 흐드러진 허브의 맛도 섞여 있었다. 이는 스타 셰프의 요리와는 거리가 멀었으며 다른 방식으로 요리하는 것도 얼마든지 가능하다. 하지만 그것은 색다른 라타투이일뿐 더 나은 라타투이가 될 수는 없었다. 포크로 요리를 한 점씩 떠먹을 때마다 생각이 깊어졌다. 그대로 놔두는 것이 나은 때도 분명히 있다. 굳이 그걸 가지고 장난을 치거나 바꿀 필요가 없는 것이다.

라 메렌다에서의 점심을 머릿속에서 지울 수가 없었다. 나는 언제나 요리하는 것을 좋아했지만, 다른 방식으로 요리하려고 계속 노력하는 반항아에 가까웠다. 토마토 바닐라 잼을 만들어 보기도 하고 소고기 요리에 단순히 레드와인 소스를 넣는 대신 맥아 맥주나 발사믹 식초를 넣기도 했다. 파스타를 소스에 넣는 대신 소스를 파스타에 채우는 방식으로 요리하기도 했다. 나는 토마토와 바질이 곁들여진 모차렐라 요리는 절대 만들지 않았다. 대신 구운 고추와 보타르가(지중해 요리에 사용되는 재료로 숭어나 참치의 알을 소금에 절여 건조한 것[+])나 레드 오렌지, 라벤더 오일, 고수 등을 곁들인 모차렐라 요리를 즐겼다. 혹은 고급 부라타에다 당근, 렌즈콩, 딜을 올려 함께 대접했다. 주말이나 쉬는 날에 남편과 나를 위해 특별한 요리를 하고 싶을 때면 한 번에 네 개의 냄비를 올려놓고 저글링을 하듯 부엌에서 온종일 시간을 보내곤 했다. 손님이라도 오는 날이면 내가 가장 좋아하는 음식의 재료를 베를린 같은 대도시에서도 구할 수 없는 때가 많아서 요리하는 것만큼이나 쇼핑하는 데에도 시간을 투자해야 했다. 하지만 지금은 내가 왜 그토록 무리한 노력을 했었는지 싶다. 나는 무엇을 굳이 증명해 보이려 했던 것일까?

나는 우선 소고기 룰라드roulade(잘게 썬 고기를 소고기의 얇은 조각으로 만 요리[+])부터 만들기 시작했다. 다음으로 신선한 아스파라거스와 가재, 곰보버섯만을 곁들인 '간단한' 라이프치히 전통 요리를 만들었다. 코코뱅coq au vin(포도주로 요리한 닭고기[*])도 될 수 있으면 간단하고 전통적인 방식으로 요리했다. 그러면서 점점 다른 요리들도 간소화했다. 예전처럼 늘 요리에 새로운 요소를 첨가하는 대신, 가능하면 줄이고 빼려고 애를 썼다. 소금과 후추만으로 양념하고 레몬으로 채운 닭고기구이를 만들었다. 또 버터와 파르메산 치즈만을 사용해서 정성껏 만든 스파게티를 손님에게 대접하기도 했다. 빵, 밀가루, 효모만을 사용해서 베를린의 어느 빵집보다 더 맛있는 빵을 만드는 법을 배웠다. 무한한 인내심을 발휘하여 만든 간단 스크램블드에그는 여왕에게도 주저 없이 대접할 수 있을 정도로 훌륭했다. 그러면서 다른 것도 배웠다. 너무나 간단명료한 조리법에 익숙해지다 보니 예전에 사용했던 양념들이 마치 화려한 향료의 불꽃처럼 여겨졌다.

그렇다고 시간이 많이 걸리는 스튜 요리나 복잡한 디저트 요리를 마다하는 것은 전혀 아니다. 나도 가끔씩은 여전히 거창하게 요리하는 것을 좋아한다. 하지만 특히 집에서 휴가를 보내는 날에는 끝없는 쇼핑 목록에 적힌 물건들을 사려고 뛰어다니지도, 부엌에서 땀을 뻘뻘 흘리지도 않는다. 대신 아침에 냉장고로 가서 재료를 꺼내 스크램블드에그를 만들기 시작한다. 나는 농부에게 직접 산 맛있고 신선한 달걀 몇 개를 깨어 휘저은 다음 코팅 팬에서 천천히 녹고 있는 버터 한 조각에 붓는다. 그리고 온도를 최저 수준으로 낮춘다. 지글지글 끓이거나 굽거나 태워서는 안 되며 잠시 기다렸다 부드럽고 조심스럽게 나무 뒤집개로 달걀을 젓기 시작한다. 처음 몇 분 동안은 아무 일도 일어나지 않을 것 같다. 마치 미끈거리는 덩어리 상태 그대로 있는 듯 보인다. 이때 온도를 조금 더 올리고 싶은 충동을 이겨 내야 한다. 인내심을 발휘해 계속 젓다 보면 잠시 후 액체 상태가 조금씩 뭉쳐지는 것이 보인다. 그럴 때 계속해서 젓고 또 젓는다. 처음에는 겁에 질린 듯이 나중에는 놀라워하며. 그리하여 물컹거리는 액체를 상상 가능한 가장 섬세한 크림으로 변형시키는 데 성공한다. 이 섬세한 요리는 자잘한 첨가제들의 부재와 겸손함 그리고 세상 최고의 달걀 요리가 될 수 있는 몇 개의 달걀이 이룬 조화의 결과이다.

또 다른 휴가용 요리는 내 안의 휴일 감성을 극대화시키는 아주 간단한 토마토소스다. 나는 거대한 휴가용 별장 부엌에서도, 작은 아파트에 있는 콧구멍만 한 부엌에서도 그걸 요리했다. 토마토소스는 만드는 방법이 간단한 데다 구멍가게에서도 재료를 살 수 있으므로 완벽한 휴가용 음식이다. 통조림 토마토, 양파, 버터, 소금만 있으면 된다. 대부분 필요한 재료가 집에 있지만, 그렇다고 그것이 한가한 시간에 내가 토마토소스를 만드는 걸 좋아하는 진짜 이유는 아니다. 진짜 이유는 그것을 준비하는 것이 명상에 가깝기 때문이다. 토마토소스를 만드는 건 아무것도 하지 않는 것을 의미한다. 토마토가 소스로 바뀌는 데 방해되는 모든 것을 차단하고, 가능하면 스스로를 발견하라.

이 레시피는 1973년 출판된 이래 온갖 유행을 견뎌 내고 살아남은, 모든 요리책의 바이블이라 할 만한 요리책에서 찾았다. 최고의 음식 재료를 선택하는데 있어서 본능적인 나침반을 지녔다고 칭송받는 요리사 마르첼라 하찬Marcella Hazan 이 쓴 이탈리아 요리의 고전이다. 나는 처음에 이 책을 보고 조리법에 살짝 실망하여 저자보다 똑똑한 체하며 변형된 요리를 만들었다. (양파를 반으로 쪼개는 대신 잘게 썰었는데 결과는 신통치 않았다.) 하지만 통조림 토마토를 넣고 반으로 쪼갠 양파를 두 개 넣은 다음 냄비에 넉넉한 양의 버터를 넣고 다 같이 끓이면서 가끔씩 저어 주며 지방이 가라앉기를 기다리라. 소스가 다 될 때까지 인내한 사람은 이 세상에서 최고로 맛있는 토마토소스를 보상으로 받는다. 토마토의 향기로 가득 찬 이 훌륭한 소스의 기막힌 맛에 깐깐하기로 유명한 미식가들조차도 냄비에 숟가락을 넣고 퍼마시는 걸 본 적이 있다. 이런 음식이 양파와 시간, 절제와 몇 알의 토마토로부터 나온다는 것은 마법에 가깝다.

당신의 창조성을 증명하고 싶은 내면의 충동은 어디에서 오는가? 미술사를 보면 알 수 있듯이 과거에는 이러한 제약들이 별로 존재하지 않았다. 유명한 화가가 직접 그린 그림이건 그의 제자들이 그린 그림이건 중요하지 않은 그림이 무수히 많았고, 스승을 능가하기보다는 자신의 우상을 흉내 내는 것을 전혀 문제 삼지 않았다. 르네상스 시대에 천재를 숭배하는 문화가 널리 퍼지자 비로소 화가들은 자신의 그림에 서명을 넣기 시작했다. 그 이전에는 개성의 증거를 굳이 새겨넣을 필요가 없었다. 아렌트 드 겔더Arent de Gelder나 카렐 파브리티우스Carel Fabritius 같은 화가들은 스승인 렘브란트 반 레인Rembrandt van Rijn과는 전혀 다른 스타일을 시도하려는 생각조차 하지 못했을 것이다. 코레조Correggio는 결코 라파엘Rafael과 자신을 구별 지으려고 하지 않았을 것이다. 루벤스Rubens도 자신이 고용한 화가들이 자기보다 그림을 못 그린다고는 생각하지 않았을 것이다. 그러니 이들이 그린 그림에 몇 번의 붓놀림을 더한 다음 눈에 광채를 넣어 마무리했을 것이다.

현대의 일본에서 숙달이라는 개념은 이와 완전히 다르다. 초밥이나 차를 만들 때, 꽃꽂이를 하거나 전통 회화를 배울 때 제자는 대대로 전해 내려오는 전통을 엄격하게 지켰다. 스승이 시범을 보이면 제자들은 수없이 따라하면서 종종 수년 간에 걸쳐 수련했다. 제자에게는 조금의 자유도 허용되지 않았다. 일본학자 호르스트 하미츠슈Horst Hammitzsch는 『다도 예술의 선Zen in der Kunst des Tee-Wegs』이라는 책에 "독창적인 예술 활동의 자유조차도 허용되지 않는다."라고 썼다. 역으로 스승도 제자에게서 어떤 재능이나 천재성도 찾으려 하지 않았다. 단지 제자가 '각자의 예술 영역에서 기술을 완벽하게 숙달하도록' 훈련시킬 뿐이다.

이 무자비한 수련 과정은 도쿄 지하철의 지하상가에 있는 작은 초밥집을 다룬 다큐멘터리 영화 「스시 장인: 지로의 꿈(2011)」에서 생생하게 전해진다. 이곳은 다른 초밥집과 마찬가지로 밥 위에 생선을 얹은 초밥만을 제공한다. 『미슐랭 가이드』에서 별 세 개를 받은 이 초밥집의 주방장이자 주인인 오노 지로小野 二郎는 촬영 당시 85세로 평생 하루도 쉬지 않고 최고의 초밥을 완성하기 위해 노력했다. 이는 창작물을 점점 획기적으로 바꾸는 방식이 아니라 조금씩 개선하는 방식으로 이루어진다. 예를 들어 초밥용 문어를 30분 동안 주물럭거리는 것이 아니라 45분 동안 주물럭거리는 식이다. 이 영화에서 가게 직원 중 한 명은 오노 지로 밑에서 견습 생활을 시작할 때 식사 전 손님에게 제공하는 물수건을 짜는 법부터 배워야 했다고 이야기한다. 그 후 실제로 생선을 써는 일을 하기 전에는 수년 동안 도마 위에 물고기를 제대로 놓는 연습을 해야만 했다. 계란 초밥용 오믈렛을 만들도록 허락받은 것은 가게에서 일한 지 10년이 지나서였다. 그는 수개월 동안 매일 오믈렛을 만드는 연습을 했고, 지로는 오믈렛을 쓰레기통에 던져 버렸다. 오믈렛을 200여 개 만든 뒤에야 스승은 흡족함을 표현했고 제자는 행복에 겨워 울음을 터트렸다.

지로는 자신의 초밥에 대해 이야기한다.

"저는 항상 같은 일을 반복합니다. 그리고 매번 조금씩 나아지는 것을 봅니다."

예전에는 부엌에서 정신없이 요리하는 것에 익숙했다면 이제는 느리게 만드는 쌀죽이나 간단한 토마토소스를 비롯한 단순한 요리의 속도에 익숙해져야 할 것이다. 단순한 요리로 시간을 절약하려는 사람이라면 아마 실망할 것이다. 단순한 요리가 곧 빠른 요리는 아니기 때문이다. 오히려 많은 인내심을 요하는 지루한 일일 수도 있다. 45분 동안 문어를 주물럭거리는 일이 아니라 할지라도 말이다. 그렇지만 요리하는 시간을 줄이려고 하거나 요리하며 세탁기를 돌리거나 전화를 하는 등 다른 일을 시도하지는 말라. 정말로 좋은 것은 휴식과 시간이 필요하기 때문이다. 그것이 그저 중간에 완성되지는 않는다. 생각이 다른 곳에 가 있다면 결과 역시 절반밖에 되지 않을 것이다.

하지만 무엇보다도 그 과정에서 놀라운 행운을 경험할 수 있다. 고기가 갈색으로 변하는 것을 보는 즐거움, 수프에 거품이 일고 소스가 점점 걸쭉해지는 것을 바라보며 느끼는 놀라움 말이다. 하나의 물체가 액체에서 고체로, 날것에서 익은 상태로 변하는 모습, 단단한 재료가 부드러운 음식으로 변해가는 기적을 경험하는 것이다.

진정한 마법은 그 사이 우리 자신에게 일어난다. 달걀이 점차 응고되고 반죽이 안정되며 와인 소스가 졸아드는 동안 우리는 순간적이나마 사물을 있는 그대로 보며 모든 일은 시간이 걸린다는 사실을 깨닫는다. 또한 스스로 불을 지필 수도, 변화를 불러올 수도 있다는 것을 깨닫고 나면 우리 안에 어떤 휴식이 자리 잡는다. 일상의 스트레스가 사라지고 검소함이 내면을 채운다. 언젠가는 다시 일상의 정신없는 속도로 돌아가야 할 것이다. 가속 페달을 밟고 지름길을 선택하며 능력을 높이고 최적화하려 애쓸 것이다. 하지만 지금 이 순간 당신은 오롯이 스스로에게 집중한다. 당신이 하는 일은 충분히 멋지며 세상은 지금 그 모습 그대로이다.

칠일째 당신과 가장 가까이 살고 있는 사람, 이웃

세상을 반 바퀴나 여행하고도 한 번도 꽃이
나 돌을 들여다본 적 없는 사람을 나는 백 명
넘게 알고 있소. 여행보다 훨씬 더 놀랍고 즐
거운 일인데도 말이오.
이들은 허리케인이나 화산 폭발에는 경탄까
지 하면서 그 여파가 자기 방으로 들어오는
것은 절대 용납하지 못하겠지요.

──────── 알프레드 되블린

늦은 오후와 초저녁에 내가 사는 베를린 아파트의 거실보
다 더 아름다운 곳은 없다. 거리에 서 있는 가로수의 평평한
나무 꼭대기에 가뜩이나 낮은 태양이 내려앉고 발코니에 있
는 수국에 빛이 드리우는 순간, 식탁이나 아이들의 장난감, 때
로 노트북이나 서재의 책장 위로 불그스름한 황금빛 태양이
비치는 순간, 손님을 초대한 날 특별히 내놓은 은 접시나 와
인 잔에 오후의 빛이 닿아 반짝거리며 매혹적인 풍경을 만들
어 내는 그 순간이 아름답다.

베를린으로 이사하면서 새로 얻은 아파트는 무척 근사했다. 1907년에 지은 오래된 건물이었는데 장엄한 건물 이상이었다. 오래된 떡갈나무 마루와 높이가 약 4미터에 이르는 스타코로 칠한 천장, 장식된 놋쇠 손잡이가 달린 현관문과 높은 창문들, 커다란 이중문 앞에는 여전히 예쁜 백합 무늬의 유약이 일부분 칠해져 있다. 널찍한 방을 걸어 다니다 보면 어깨를 짓누르지 않는 높은 천장으로 인해 가슴이 저절로 펴지고 키가 1인치쯤 자란 듯한 느낌마저 들었다. 하지만 무엇보다도 잿빛의 더럽고 음울한 베를린의 도시 한복판에서 내가 안전함과 평안함을 느낄 수 있는 장소를 발견했다는 사실에 나는 행복했다.

좁은 발코니에 발을 들여놓고 오후 햇살을 받으며 거리를 내려다보면 우리가 8년 동안 살아온, 이제 소중하게 여겨지는 동네가 눈에 들어온다. 형형색색의 스프링클로 장식된 커다란 아이스크림콘을 든 빛나는 아이들을 하루 종일 볼 수 있는 아이스크림 가게, 동네의 심장처럼 여겨지는 작은 꽃 가게가 있다. 그렇게 궁금하지도 않고 먹을 수도 없지만 창문가에 진열해 두기만 해도 놀라움과 감동 그리고 즐거움을 안겨 주는 여러 가지 꽃과 식물이 있다. 조금 더 가면 지나가는 사람들 대부분의 마음을 열게 하는 분수가 솟아오르는 아름다운 광장이 있다. 나는 아래로 아는 사람이 지나가는 것을 보면 이름을 부르며 손을 흔들기도 한다. 때로는 발코니로 나와 화분을 돌보던 이웃과 잠시 수다를 떨다가 집안으로 들어가기도 한다. 집으로 들어서면 이곳이 단지 하나의 아파트가 아니라 나의 집이라는 느낌이 강렬하게 밀려온다.

오늘날 우리가 '집'이라고 말할 때 이는 일반적으로 건물을 의미한다. 고층 아파트나 연립 주택, 저에너지 주택, 단독 주택 말이다. 지붕과 벽을 포함한 건물로써 기능성에 의미를 둔다. 하지만 과거에 '집'은 사회적 지위를 의미하는 데 사용되기도 했다. 의원들의 회의 장소(상원이나 하원 혹은 국회)나 관객을 위한 공연장 그리고 유명한 가문의 명칭으로도 사용되었다(스튜어트Stuart가나 작센 코부르크Sachsen-Coburg가, 캐스틀린슈타인Casterlystein의 레니스터Lennister가 등). 오늘날에도 집은 우리가 편안함을 느끼는 어딘가를 가리키며 건물의 높이나 평수 혹은 스타코 장식과는 별로 관련이 없다. 무엇보다도 집은 우리가 함께 살고 있는 사람과 관계 있다. 향수병에 시달리는 사람이 단순히 문손잡이 같은 것을 그리워하는 일은 거의 없다. 단지 자신이 편안하며 소속감을 느끼는 공간을 그리워한다.

오래된 건물은 시끄럽다. 20세기 초만 해도 사람들은 방음에 그다지 신경을 쓰지 않았다. 당시에는 마루를 대부분 카펫으로 덮었기 때문일 것이다. 위층에 사는 세 딸이 뛰어다니면 우리 집 천장의 조명이 흔들거린다. 4층에 사는 M씨의 트럼펫 소리도 너무나 선명하게 들리는 데다, 아래층 사는 이웃이 「오늘의 뉴스」를 보다가 리모컨을 뺨에 대고 깊이 잠들어 TV 소리가 절정에 다다를 때까지 깨어나지 않을 때 그 괴로움은 이루 말할 수 없다. 물론 이웃들도 우리 집 계단 앞을 지나다가 웃음소리나 열띤 토론 소리를 듣곤 할 것이다. 1층에 사는 사진작가 B가 인도네시아의 마을 학교나 캄보디아의 박물관과 관련된 프로젝트에 대해 전화 통화를 하고 있으면 내용을 낱낱이 이해할 수 있다. 이웃이 다투는 소리와 최신 힙합 음악, 서투른 피아노 연주 소리도 마찬가지다.

하지만 나는 전에 살았던 집들과는 달리 이 집의 소음이 그리 괴롭지 않다. 오히려 이웃의 목소리와 발자국 소리, 배수관에 물 흐르는 소리가 배경 음악처럼 들린다. 이는 내 삶의 배경음이자 하나의 소리로 된 인테리어이며 내가 헤엄칠 수 있는 물과도 같다. 공동체를 이루고 있는 이곳에서, 이웃은 그저 가까이 사는 이들이 아니라 함께 사는 사람들이다.

1층에 사는 B는 이미 우리 가족사진을 여러 장 찍었다. 위층에 사는 가족은 이사온 지 불과 1년밖에 안 됐지만, 이미 여러 번 같이 어울렸다. 몇 년 동안 이웃하며 살아온 S와는 종종 건배를 하는 사이다. 옆집에 사는 J와는 함께 축구 경기를 보고 점심을 먹기도 한다. 나는 토요일마다 작은 살루메리아에서 파르마 햄을 사서 그녀에게 주고 그녀가 여름휴가로 집을 비운 사이에 화분에 물을 준다. 그에 대한 보답으로 J는 쇼핑갈 때 나를 차로 태워 주기도 한다. 진통이 시작되자 그녀가 나를 병원까지 데려다주었는데, 덕분에 죄 없는 택시 기사가 내 비명 소리를 듣지 않아도 되었다.

우리 동네에는 여러 집의 아파트 열쇠를 보관하는 곳이 있다. 아파트 문이 안에서 잠겼을 때나 휴가 중인 이웃의 과일 칼이 필요하거나 냉장고가 가득 차서 티라미수를 식힐 다른 냉장고가 필요할 때 이 열쇠가 유용하다. 이와 별개로 이름 없는 이웃들, 오로지 문 앞의 매트 색깔로 구별 가능한 사람들보다는 서로 잘 알고 소통하는 이들에게 훨씬 더 너그러워진다.

이웃은 사실 역설적인 존재다. 다른 사람보다 더 가까이에 살고 있음에도 그들과 공유하는 것이 거의 없는 경우도 많다. 그러니 이웃 간에 사소한 짜증으로 시작된 다툼이 법정에서 끝나기도 한다. 하지만 이웃은 특별한 잠재력을 지닌다. 낯섦과 친숙함의 조합이 일종의 가족 같은 결과를 만들어 내기도 한다. 미국의 사회학자 로버트 푸트남Robert Putnam은 이웃을 사회적 자본으로 묘사한다. 사회적 자본을 소유한 사람은 그렇지 않은 사람보다 더 오랫동안 행복하게 살 수 있다. 이는 행운이다. 이웃이 있는 사람들이 더 오래 산다는 증거도 있다. 예를 들어 정치학자 대니얼 알드리치Daniel Aldrich는 2011년의 허리케인 카트리나와 일본의 쓰나미 같은 재앙 속에서 인간에게 도움이 되는 것이 무엇인지를 연구하다가 실제로 좋은 이웃이 사람의 생명을 구할 수 있음을 발견했다. 재난 피해자를 어디에서 찾아야 할지 그들의 이웃은 알고 있었다. 그들은 서로에게 경고하기도 하고 도움과 위로를 주기도 한다. "최상의 재해 대비책은 둑을 쌓는 데 투자하는 게 아니라 좋은 이웃에 투자하는 것이다."

하지만 어떻게 이런 일이 가능할까? 우리는 공동체의 분위기라고는 전혀 없는 아파트에서 살았던 적도 있다. 어느 집 부엌 서랍에 과일칼이 있는지를 알기는커녕 이웃의 이름도 모르고 살았다. 이웃들이 가득 탄 좁은 엘리베이터 안으로 비집고 들어가는 것보다 계단을 이용하는 것이 더 나았다. 물론 그 아파트에 좋은 사람들이 살았을 수도 있겠지만, 아무도 좋은 이웃을 찾으려 하지 않았다. 이웃에 별다른 기대를 하지 않은 탓이다.

지금 내가 사는 아파트의 분위기가 그곳과 다른 것은 품격과 자존심을 지닌 건물주 덕이 클 것이다. 그는 고가의 집세를 감당할 수 있는 사람들이 오히려 의심스러워서 월세를 그리 높게 책정하지 않는다. 세입자를 신중하게 선택하지만 소득 수준을 기준으로 삼지는 않았다. 또한 그녀는 아파트 전체를 매우 세심하게 관리하는데 해진 카펫이나, 페인트칠이 벗겨진 벽, 전기 스위치 불량 등의 결함은 찾아볼 수 없었다. 그녀는 세입자들이 집에서 편안하게 지내기를 바랐다.

미국의 정치 사회학자인 제임스 윌슨James Wilson과 범죄학자 조지 켈링George L. Kelling은 '깨진 유리창 이론'을 주창했는데, 핵심은 물리적 붕괴가 사회적 붕괴로 이어진다는 것이다. 깨진 유리창과 지저분한 얼룩, 널브러진 쓰레기를 방치하면 주민의 행동에도 영향이 미친다는 것이다. 이 이론은 오래 전부터 증명되었지만, 거기서 한 발짝 더 나아간다. 무질서와 물리적 방치 상태는 인간에게 시각적으로 영향을 줄 뿐 아니라 이웃이 서로를 대하는 방식에도 영향을 미친다는 것이다. 예를 들어, 미국의 진화 생물학자 데이비드 슬론 윌슨David Sloan Wilson은 한 연구에서 주민들이 서로 돕고 사는 동네로 이사한 사람은 그 역시 도움을 주는 사람이 된다는 사실을 관찰했다. 나 또한 이를 확인했다. 전에 살던 동네에서는 이웃들이 내게 무관심하듯이 나도 그들에게 무관심했다. 하지만 지금 사는 집으로 이사한 후로는 나 또한 이웃들이 그러하듯 친근하고 다정하며 좋은 이웃이 되었다.

사실 도시는 주민들에게 좋지 않은 거주지다. 대도시에 사는 사람은 시골에 사는 사람보다 정신 질환에 걸릴 위험이 훨씬 더 크다. 원인은 여러 가지가 있지만, 연구자들은 사회적 밀도와 사회적 고립감의 결합에서 오는 스트레스, 즉 수많은 사람 속에서 여전히 외로움을 느끼는 것이 주된 원인이라고 생각한다. 따라서 도시인은 좋은 이웃을 통해 건강을 지켜야 한다. 하지만 그렇게 하려면 도시 안에 이웃끼리 만날 수 있는 공간과, 만남의 기회를 제공하는 건물이 필요하다. 뮌헨 공과대학의 도시 건축학 교수인 디트리히 핑크Dietrich Fink가 2016년에 '사이 공간'이라고 명명한 이곳은, 집이나 거리 혹은 특정 지역일 수도 있는 공동체를 위한 소중한 공간이다. 왜냐하면 '이곳은 사적 영역과 공공 영역을 이어 주어 우연하고도 자발적인 만남의 기회를 만들어 내기' 때문이다. 이웃끼리 대화하기 어려운 주거 공간도 많다. 계단과 공용구역이 매우 좁아서 가능한 한 빨리 지나가야 하는 곳도 많다. 여기서는 서로 잡담을 나누는 것도 불가능하다. 조명이 고장 난 채로 몇 년 동안 방치되어 있는 뒤뜰의 쓰레기 수거장이나 건물

입구에서는 굳이 이웃에게 안부를 묻기 위해 발걸음을 멈추고 싶지 않다.

하지만 나는 이상적인 조건과 거리가 먼 상황 속에서도 이웃끼리 접촉할 수 있다고 믿는다. 집이든 거리든 마음먹기에 따라 분위기를 바꿀 수 있을 테니까. 물론 하루 휴가 동안 하려고 들면 시간이 부족하다. 집에서 휴가를 보내는 동안 충분히 시작해 볼 수 있다. 지금이 아니면 언제 계단에서 이웃들을 이렇게 자주 만날 기회를 얻겠는가? 그러니 서둘러 이웃들을 지나치지 않아도 된다는 사실을 이용하라. 복도에서 미소 짓는 데는 돈이 들지 않는다. 상대에 대한 가벼운 칭찬이나 날씨 이야기, 무거운 쇼핑백을 들어 주는 행동 등이면 된다. 보통 그 이상은 필요하지도 않다. 빵집으로 가는 길에 3층에 사는 나이 많은 여성을 만났다면? 빵집에서 사다 줄 것이 있느냐고 물어보라. 아니면 슈퍼가 문 닫기 전 쏜살같이 계란을 사러 가는 대신 이웃에게 달걀을 빌리는 것도 좋다. 물론 익명의 그늘에서 밝은 빛으로 나서기까지는 많은 노력이 필요하다. 하지만 수영을 하려면 일단 물속으로 뛰어들어야 한다.

또 누가 알겠는가, 이런 친절이 곧 계단에서 나누는 이웃과의 첫 대화로 이어질 수도 있을지. 그렇다고 너무 가까이 지낼 필요는 없다. 굳이 이웃과 신혼여행을 같이 갈 것도 아니지 않나. 그저 가장 잘 공존할 수 있는 방법을 찾는 것이다.

사실 이웃과의 접촉에 별로 관심이 없는 사람도 꽤 많다. 우리 아파트에도 계단에서 잠깐 인사를 나누고는 바삐 걸음을 옮기는 세입자들도 있다. 그래도 괜찮다. 「린덴슈트라세 Lindenstraße」(1985년 12월 8일부터 현재까지 다스 에르스테 Das Erste에서 방영중인 드라마[*])의 삶을 재연하는 것도, 층마다 평생 함께할 친구를 만들려는 것도 아니니까. 하지만 아무런 상호 교류 없이 사는 것은 너무 삭막하다. 그렇게는 살고 싶지 않다.

요즘 사람들은 상당히 자연스럽게 이동하며 산다. 도시와 대륙 사이를 오가며 공부를 하거나 직업에 따라 옮겨 다닌다. 사랑에 빠지거나, 경제적 여유가 없어서 집세가 더 싼 다른 도시로 이사하기도 한다. 자본주의가 요구하는 여기저기 옮겨 다니는 생활 방식을 미덕으로 삼는 사람도 분명 있다. 종종 언론에서 이들에 관한 내용을 접하기도 한다. 포스트 물질주의에 빠진 현대의 유목민들, 재산을 소유하지 않는 삶을 추구하며 하드 드라이브 몇 개와 마분지 가구만 겨드랑이에 끼고 집을 쉽게 떠나는 사람들. 오늘은 베를린에서 내일은 텔아비브에서 사는 것을 마다하지 않고, 무작위로 섞여 있는 이웃보다는 SNS 친구들을 더 편하게 여기며 어디에도 뿌리를 내리지 않고 아무 데나 텐트만 치면 그곳이 새로운 집이 되는 사람들.

한편으로 나는 삶에 대한 이런 태도를 좋아한다. 무언가를 소유하는 게 커다란 부담으로 다가오기 때문이다. 집안의 서랍과 찬장을 가득 메운 물건들을 저주해 보지 않은 사람이 있을까? 하지만 가끔 안과 밖, 사적 공간과 공적 공간의 중간쯤에 속하는 멋진 공간인 발코니에 앉아서 내게 손 흔드는 이웃을 보고 있노라면 어딘가로 떠나서 새롭게 시작하려는 마음이 낯설게 느껴진다. 나는 사람들 사이의 작은 상호 작용 네트워크가 일상에 안정감을 부여한다고 믿는다. 이런 상호 작용은 발코니에서 손을 흔들며 나누는 몸짓과 눈빛, 이웃이 쇼핑할 때 살짝 도움을 주는 행동을 통해서 이루어진다.

팔일째

가 보고 싶었던 호텔에
체크인하는 날

룸서비스는 U와 H로 적혀 있다.

───── 우도 린덴베르크의 노래
「Mein Ding」 중에서

아무리 집에 머물기 좋아하는 사람이라도 때로는 분위기
전환이 필요하다. 이는 자연스럽게 이루어져야 한다. 아침에
눈을 떠서 익숙한 내 방 풍경이 아닌, 뭔가 색다른 장소에서
다른 풍경을 접하는 것.

이렇게 하자! 지하철이나 자전거를 타고 동네에 있는 멋진
호텔로 가서 체크인을 하는 것이다. 거주하는 도시의 반대편
지역으로 가도 좋다. 아니면 직장으로 가는 버스 노선의 종점
은 어떤가. 로비로 느긋하게 걸어가서 호텔 직원이 다정하게

안부를 물으면 솔직하게 대답하면 된다. 아주 좋아요! 계산을 한 뒤 작은 여행 가방을 끌고 배정받은 객실로 들어가자. 거기에는 위생 시설은 물론이고 빌트인 에어컨, 정교한 조명 시스템 등 세부 시설이 모두 정확하고 효율적으로 설치되어 있다. 방안을 조심스럽게 둘러보고 서랍과 찬장을 열어 본 다음 신발을 벗고 침대에 털썩 주저앉아 천장을 바라보라. 멀리 두고 온 도시에서 희미하게 들려오는 교통 소음 뒤에 따라오는 고요함을 느껴보라. 개인적으로 나는 호텔을 좋아한다. 그렇다고 여행지에서 예약한 호텔이 전부 내 맘에 들었던 건 아니다. 나는 실용적인 사람이라서 짧은 시간 동안 머물 방을 위해 굳이 많은 돈을 지불하지는 않는다.

그럼에도 나는 손님이 최상의 즐거움을 누리도록 모든 것이 설계된 듯한 고급 호텔의 사치스러움이 좋다. 최상급 호텔의 비용 안에 포함된, 손님에게 최대한의 존중을 보여주는 완벽한 연극은 세상 어느 극장의 공연보다 감동적이다. 세상에서 가장 중요한 사람처럼 당신을 대하는 친절한 호텔 직원들, 발자국 소리가 거의 들리지 않아 실내를 떠다니는 듯한 기분을 안겨 주는 카펫, 조명이 들어오는 옷장과 푹신한 목욕용 가운, 소나기처럼 쏟아지는 샤워기의 물과 순백색의 깔개, 값비싼 스킨케어 제품과 기성품 문구류 등은 두말할 필요 없다.

불룩한 지갑을 호텔 금고에 넣고 문을 닫을 때만큼 그것을 소중하게 여긴 적이 있는가? 따뜻한 물이 소용돌이치는 호텔 욕조를 한 번도 갈망해 본 적이 없는 사람이 있을까?

삶의 정상에서 맛볼 수 있을 듯한 호텔의 저녁 식사 서비스는 또 어떤가? 저녁 식사를 하는 동안 요정들이 나타나 화장실을 청소하고 난장판이 된 싱크대를 정리하고 커튼을 치고 침구를 정리하며 호텔 슬리퍼는 침대 아래에 특별히 깔아놓은 매트에 얌전히 둔다. 침대 옆 탁자에는 긴장을 이완하는 허브차와 생수 한 병, 그리고 간식거리가 놓여 있다. 손도안 대고 놔둘지라도 어쩐지 나만을 위해 이 모든 감동적인 서비스를 준비한 것처럼 여겨진다. 마치 내가 전혀 다른 사람이된 듯하다. 객실 책상 위에 놓인 편지지에 편지를 쓰고, 잠자리에 들기 전 금줄로 장식된 도자기 잔에 든 허브차를 마시는 사람이 된 것 같다. 마치 롤플레잉 게임 속 캐릭터가 된 것 같다. 호텔에 돈을 많이 지불해서가 아니라 훌륭한 서비스를 받다 보면 마치 당신이 더 멋지고 더 잘 차려입은 근사한 사람이 된 것 같은 기분이 든다. 당신의 불완전함과 죽음을 떠올리게 하는 모든 것은 슬며시, 조용히 뒷걸음질하고 없다. 그리고 참으로 놀라워라. 당신은 그 안에서 과자 부스러기나 머리카락, 얼룩을 남기지 않고 수건을 바닥에 너저분하게 던져 두지도 않으며 지저분한 접시를 싱크대에 쌓아 놓지 않는, 삶을 완벽하게 통제하는 사람이 된 것 같다. 그리하여 쓰레기를 아무렇게나 두지 않고 크림이 묻은 통조림은 깔끔하게 씻어서 쓰레기통에 넣는다. 호텔에서 지내는 것은 매일 아침 자신의 상태를 초기화시키는 것과도 같다. 이렇게 도망칠 곳이 있는데 굳이 일본이나 남미로 여행을 가야만 할까?

호텔 방문 앞에서 짧은 휴가를 누릴 때에 가장 좋은 점은 당신이 사는 지역이 완전히 새로운 느낌으로 다가오는 것이다. 아침에 일어나서 신문을 읽으며 아침 식사를 한다. 그리고 로비를 통과해 평소 같으면 결코 어슬렁거리지 않을 광장으로 가서 완전히 새로운 방식으로 자신을 발견해 보라. 만약 집에서 아주 가까운 호텔을 선택했다면, 익숙한 길이 돌연 낯설게 느껴지고 평소와 다르게 산책하며 예전과는 다른 방식으로 주변을 살피는 자신의 모습을 볼 수 있다. 그것은 마치 익숙한 도시에서 전혀 다른 입구를 발견하고 흥미진진하면서도 알 수 없는 평행 세계로 들어서는 것과도 같다.

고개를 들어
하늘을 보는 여유

구름 모양 찾기는
현대 생활의 완벽한 해독제다.
너무나 부질없는 행동이기 때문이다.
완전한 무위無爲다.

───── 개빈 프레터 피니
(영국 구름감상협회 설립자)

명상 코스에 참가한 적이 한 번이라도 있다면 들어본 적이 있을 것이다. 호흡에 집중하거나 만트라를 되뇌는 동안, 여러분은 끊임없이 떠오르는 생각들을 마치 하늘의 구름처럼 지나가도록 내버려 두어야 한다. 쉽게 들리겠지만, 찬 공기가 콧구멍으로 들어와서 촉촉하고 따뜻한 공기로 바뀌어 나가는 것을 인지하는 것 외에는 아무것도 하지 않고 30분 동안 명상용 방석에 앉아 있어 본 사람이라면 누구나 안다. 마음은 가끔씩 솜털 구름으로 흐려지는 푸른 하늘이 아니라는 사실을.

오히려 천둥 번개가 치고 사방에서 폭풍우가 몰아치는 바깥에 서 있는 상태에 더 가깝다. 생각이 하늘의 구름처럼 흘러가도록 내버려 두는 건 어떤가? 자신이 생각에 잠겨 있다는 사실조차 알아차리지 못하는 경우가 대부분이다. 때로는 몇 분이 지나, 자신이 명상에 잠긴 게 아니라 귀찮은 전화 통화 내용이나 냉장고 문에 끼우는 고무 패킹을 어디서 구할지를 생각하고 있다는 것을 깨닫기도 한다.

그러니 그저 하늘에 구름이 지나가는 것을 바라보는 건 어떤가? 효과는 깊은 명상 상태와 그리 다르지 않다. 풀밭 어딘가에 누워서 머리 뒤로 팔베개를 하고 하늘에 흘러가는 구름을 바라보는 일이 가장 편안하고 중요한 일이 된다. 마치 바다를 바라보는 것과 같다. 다만 바다를 바라볼 때처럼 가슴이 뛰거나 근육이 울렁거리지는 않는다. 바다에 비하면 하늘은 초월적이고 순수하며 자유분방한 공간에 가깝다. 그렇다고 하늘에 에너지가 없는 것은 아니다.

구름은 사실 물에 불과하다. 1세제곱미터당 100억 개에 이르는 작은 물방울의 집합체일 뿐이다. 그렇다고 구름이 지루한가? 전혀 그렇지 않다. 대기물리학자들조차 구름이 무엇으로 구성되었으며 어디서 시작되고 어디서 끝나는지 정의 내리기 어렵다. 그것만으로도 철학적 교훈을 얻을 수 있다. 풀밭에 누워서 머리 위로 하얀 구름이 어떻게 움직이는지, 어떻게 멀어졌다 다시 합쳐지고 서로를 향해 미끄러지는지, 태양의 위치에 따라 어떻게 색이 변화하는지, 또 어떻게 가끔씩은 파괴적인 폭풍우를 몰고 오는 구름으로 변하는지를 지켜보라. 그러다 맑은 날이면 아무것도 없이 흩어지는 것을 보라. 마치 하늘이 우리에게 삶에 대해 말해 주는 듯하다. 삶이란 시작도 끝도 없고 심오하게 깊은 의미도 없다는 것을 말이다.

불교에서는 '생겨나는 모든 것은 사라진다'고 가르치며, 과거가 무엇이고 미래가 무엇을 쥐고 있는지에 대해 끊임없이 파헤치거나 고민하기보다는 지금, 여기에서 살아야 한다고 얘기한다. 어렸을 때는 그것이 가능했다. 아무것도 걱정하지 않고 순간 속에 자신을 잃어버리기, 그 순간 우리 앞에 놓인 삶 속으로 뛰어들기. 깃털과 빵 부스러기, 깨진 플라스틱 조각이나 어른들이 개발한 장난감, 화장지의 심지와 볼펜 등 모든 것이 똑같이 가치 있고 소중했다. 무엇이 더 재미있을지 또 어떤 것이 더 좋아 보일지를 결정하기란 쉬운 일이 아니었다.

그 시절에는 몇 분 혹은 심지어 몇 시간 동안도 하늘을 올려다볼 수 있었고, 구름 동물들이 하늘 목장을 가로질러 이동하는 풍경을 바라보곤 했다. 하지만 우리는 성장하면서 잔디밭에 누워 하늘을 바라보는 일을 자신도 모르는 사이에 그만

두었다. 특별히 화려한 일몰이 아니라면 더 이상 아무런 의도 없이 하늘을 보는 데 몰두하지 않는다. 이제 우리에게 하늘이란 비가 오려 할 때 우산을 준비해야 할지를 확인하는 아날로그 날씨 앱에 지나지 않는다.

하늘을 올려다보다가 비싼 바지에 풀 얼룩이 생기지 않아도 된다. 그냥 멈춰 서서 위를 올려다보기만 해도 된다. 하늘을 올려다보는 자세만 취해도 힐링의 효과가 있다. 노약자나 우울한 사람들, 혹은 많은 시간 동안 앉아 있는 사람들은 굽은 몸을 펴기 위해 그런 자세를 취하기도 한다. 일자 목 증후군이나 등이 굽어 고통을 겪는 스마트폰 사용자에게도 좋은 자세이다. 목을 뒤로 젖히면 시야가 바뀔 뿐만 아니라 몸 앞쪽을 펴게 된다. 흉추 뒷부분 근육이 이완되고, 등 근육은 튼튼해지며 가슴과 폐와 심장이 전체적으로 확장된다. 요가에서는 보조 호흡 근육을 규칙적으로 스트레칭하면 우리 몸의 산소 공급이 원활해져서 활력이 생기고 원기를 회복시키는 효과가 있다고 이야기한다. 게다가 우리 면역 체계의 통제를 담당하는 가슴뼈 뒤의 작은 기관인 흉선도 자극을 받는다. 몸을 뒤로 젖히는 동작은 감정적으로 힘든 상태를 극복하는 데도 도움이 된다. 가슴을 열면 호흡이 깊어지고 새로운 힘을 얻어서 앞으로 나아갈 수 있다. 그러므로 요가에서는 몸을 뒤로 젖히는 동작을 '가슴을 여는 동작'이라고 부른다.

하지만 굳이 그런 효과를 위해서 하늘을 올려다볼 필요는 없다. 하늘을 볼 때마다 태어나고 사멸하는 존재의 순환을 떠올리지 않아도 된다. 단지 바라보기만 해도 몸과 마음이 휴식과 안정감을 얻는다고 미국의 연구자 레이첼Rachel과 스티븐 캐플런Steven Kaplan이 '주의력 회복 이론'에서 설명했다. 일상생활에서 우리는 이메일이나 업무, 과제 등 특정한 것에 주의를 기울이는데, 불가피하게 집중력을 과도하게 사용하여 마치 근육을 지나치게 사용했을 때처럼 정신력도 약해지는 결과를 초래한다고 말한다. 이 같은 피로감은 문제 해결 능력을 떨어뜨리고, 우리를 화나게 하며 공격적으로 만든다. 그럴 때 초점을 맞추지 않고 우리의 시선에서 힘을 뺀 채 일부러 여기저기를 둘러보는 것은 어떤가. 감정적인 거리를 유지하면서도 마음을 사로잡는 풍경이 있는 곳이면 더할 나위 없이 좋다. 그런데 현대를 사는 도시인인 우리가 어디서 그러한 자연환경을 찾을 수 있을까? 우리 주변의 세계는 기하학적으로 길들여지고 구조화되어 있다. 그렇지만 고개를 들어 위를 올려다보면 일종의 야생 상태가 눈앞에 펼쳐져 이완 효과를 얻는다. 멀리 차를 타고 나갈 필요도 없고 돈을 지불할 필요도 없으며 언제든지 마주할 수 있는 자연이 아닌가!

십일째 과거의 흔적을 따라가 보기

역사는 불성실한 학생으로 가득 차 있는
학급을 이끄는 최고의 선생님이다.

—————— 인디라 간디

장거리 여행을 내 어머니보다 더 많이 한 사람은 드물다. 그녀는 세계 194개국 중 4분의 3에 가까운 나라들을 방문했다. 그레이트배리어리프에서 다이빙을 하고 앙코르와트에 올랐으며 알래스카와 남극 대륙, 마추픽추, 랑기로아섬, 기자의 피라미드와 나이아가라 폭포를 모두 가 보았다. 그녀는 호주만큼이나 아프리카를 잘 알고, 아시아의 나라만큼이나 미국을 잘 알며, 전 세계 관광지에서 찍은 몇 테라바이트 분량의 사진을 하드 디스크에 저장해 놓았다. 그러다 보니 비즈니스

컨설턴트나 대기업을 이끄는 사업가들이나 가지고 있는 루프트한자 항공의 세너터 라운지Senator Lounge(일등석 탑승객, 최고 등급 멤버십 승객이 이용하는 라운지⁺) 카드를 소유하고 있기도 하다.

남편과 내가 베를린으로 이사하고 나서 얼마 지나지 않아 어머니가 우리를 보러 오셨다. 나는 아직도 그날을 잘 기억한다. 어머니는 오전에 이미 베를린 신 박물관에 있는 네페르티티Nefertiti의 흉상을 보고 왔다. 그 후에 유명한 보르하르트Borchardt 레스토랑에서 우리와 점심을 먹었는데, 어머니가 그곳을 좋아한 이유는 빌 클린턴과 조지 클루니, 버락 오바마가 그곳에서 저녁을 먹었기 때문이다. 우리는 리슬링 한 잔을 마시고 식사를 조금 한 다음, 운터 덴 린덴 거리를 산책했다. 어머니는 브란덴부르크 문에서 스냅 사진을 몇 장 찍은 다음, 전설의 호텔 아들론Adlon으로 우리를 초대했다. 우리는 그곳에서 값비싼 컵에 담긴 커피를 홀짝이며 화려한 역사를 간직한 커피숍의 장식에 감탄하다가 밖으로 서둘러 나왔다. 마지막으로 지하철을 타고 쇠네베르크에 있는 우리 집으로 왔다. 오는 길에 지하철역에서 어머니는 볼거리가 없어서 베를린을 그다지 좋아하지 않는다고 인정했다.

물론 나는 그 말에 격렬하게 반대했다. 볼거리가 없다고

요? 우리 동네에 얼마나 볼거리가 넘치는데! 시인이자 소설가인 에리히 케스트너Erich Kästner가 저 길 끄트머리에 살았고, 그가 쓴 『에밀과 탐정들(2005)Emil und die Detektive』에 등장하는 주인공도 바로 여기에 살았다. 블라디미르 나보코프Vladimir Nabokov(러시아 작가, 『롤리타』의 저자)는 1924년에 우리 아파트 맞은편 대각선 방향의 집에서 살았으며, 방금 지나온 빅토리아 루이스 광장에는 빌리 와일더Billy Wilder(오스트리아 태생의 유태계 미국인 저널리스트이며 영화감독, 극작가, 제작자⁺)가 3층의 값싼 방에 세 들어 살았다. 빌리 와일더 말이다! 나는 그곳을 손가락으로 가리키기까지 했지만 엄마는 별로 흥미로워하지 않았다.

사실 그럴 만도 했다. 나보코프가 살던 집은 국가 사회주의 시절 즈음이나 그 후에 리모델링하여 건물의 장식이 모두 제거되었고, 가정의학과 병원이 있는 1층에는 '독감 예방접종 중'이라는 광고가 붙어 있다. 에리히 케스트너가 살던 프라거 광장은 제2차 세계 대전 때 폭삭 무너졌고 지금은 대형 슈퍼마켓인 알디Aldi와, 드러그 스토어 DM, 피트니스 센터와 네일 스튜디오를 갖춘 황량한 쇼핑센터가 들어섰다. 그리고 빌리 와일더가 살던 곳에는 전쟁 후에 분홍색 건물이 무성의하게 들어섰는데 주춧돌에 무거운 대리석 명판이 촌스러운 브로치처럼 박혀 있다.

파리와 로마, 뉴욕과 리스본, 방콕과 부에노스아이레스를 다녀온 사람이라면 이런 기념물과 조그마한 명판들이 도시와 지역을 흥미롭고 활기차게 만든다는 사실을 받아들이지 못할 수 있다. 내가 그것에 얼마나 만족하건 상관없이 말이다.

몇 달 후 나는 다시 파리저 광장에 갔다. 이번에는 예술 아카데미에 방문했는데, 테라스에서 브란덴부르크 문이 야간 조명을 받아 환상적으로 빛나는 광경을 볼 수 있었다. 나는 이번에도 국가의 상징이 되어 화려하게 치장된 평화의 문을 높은 곳에서 내려다보았다. 무슨 느낌이 들었느냐고? 솔직히 별 생각이 없었다. 물론 이 문은 나폴레옹 통치 말기와 바이마르 공화국 헌법, 베를린의 분리와 동서독 통일 등 수많은 역사적 사건들과 연결되어 있다. 이곳은 베를린에서 마지막으로 남은 도시의 성문이자 초기 고전주의 양식의 웅장한 건축물로, 요한 고트프리트 샤도Johann Gottfried Schadow가 문 꼭대기에 조각한 전차 또한 널리 알려져 있다. 하지만 이것 말고 무엇이 있는가? 이 문이 보이는 아들론의 호텔 방에 묵기 위해 비싼 값을 치른 관광객이 볼 만한 풍경은 무엇일까? 그들이 주변의 기념품 가게 중 한 곳에서 모래나 플라스틱으로 만든 브란덴부르크 문 복제품이나 스노볼을 산다면 그 안에는 무슨 의미가 담겨 있을까?

테라스에 서 있던 나는 브란덴부르크 문이 일종의 부속물 Staffage이라는 것을 직감했다. 사실 이 문은 장식용으로 만들었다. 브란덴부르크 문은 전면이 도심을 향하고 있다. 다시 말해 이 문은 베를린에 도착한 사람들을 환영하기보다는 왕이 도심으로 행차를 하면서 사람들의 환호를 받기 위한 멋진 도구로 사용되었다. 이 문은 처음에 아크로폴리스 입구인 프로필레엔 성문처럼 만들려고 했으나 동물원의 아름다운 경치를 가리는 문제가 발생했다. 오늘날에도 주로 나치 영화의 배경이나 베를린의 '범죄 현장', 데모와 정치 연설 그리고 수십만 건의 셀카 배경으로만 사용되고 있다.

사실 나는 그보다는 빌리 와일더의 추모비 앞에서 깊은 감회에 잠겼다. 가령 헬무트 카라젝Hellmuth Karasek이 감독들에 대한 전기에서 묘사한 장면, 즉 막심Maxim 필름의 감독이 어느 날 밤에 이웃집 침실에서 탈출하여 팬티 차림으로 와일더의 방에 불쑥 들어왔다가 그가 쓴 첫 번째 대본을 보고 판권을 구입하기로 결정했던 이야기를 들어보라. 나는 우유와 빵 그리고 과일을 조금 사기 위해 가까운 건강식품 가게에 들를 때면 그곳이 전설적인 엘도라도 레스토랑이 있던 자리라는 사실을 떠올리게 된다. 클라우스 만Klaus Mann과 크리스토퍼

아이셔우드Christopher Isherwood가 얘기한 바에 따르면, 나치가 이곳을 접수하여 베를린의 나치 돌격대에게 넘겨주기 전까지만 해도 이곳은 지역민과 관광객, 이성애자와 동성애자가 거리낌 없이 어울리던 공간이었다. 그러나 게슈타포는 성적으로 문란하다는 이유로 수만 명의 남성을 체포했고, 이 가운데 5~6만 명이 강제수용소에서 죽임을 당했다. 이러한 얘기를 전해줄 비석이 있는 것도 아니고, 단지 놀렌도르프 광장역 지하에 눈에 띄지 않는 기념 명패만 하나 있을 뿐이다. 사라져서 이제 보이지 않는 이야기에 대한 작은 표식으로써.

1873년 프리드리히 니체는 「삶을 위한 역사의 이점과 단점에 대하여」라는 글에서 '부활 없는 계몽', 즉 역사적 사실의 단순한 수집은 '혐오'해야 한다고 분명히 말했다.

"분명 역사는 필요하지만, 지식욕의 정원에 사는 버릇없는 게으름뱅이들의 역사와는 달라야 한다. 역사는 우리의 삶과 행동을 위한 것이어야 한다."

니체는 사실을 유사 과학적 태도로 수집하는 활동은 아무런 의미가 없다고 확신했다. 인간의 진정한 임무는 자신의 삶과 행동을 풍부하게 만들 수 있는 지식을 축적하는 것이다.

일단 니체가 말한 내용을 다음과 같이 바꿀 수도 있다. 디지털 카메라의 메모리 카드에 잔뜩 담긴 사진 풍경은 우리가 삶에서 직접 본 것과 연결될 때 비로소 가치가 있다. '위대한 과거'는 우리에게 영감과 활기를 불어넣으며, 현재란 과거로부터 형성된 것으로 자신이 전체의 일부라는 사실을 이해하도록 만든다. 니체는 "과거를 삶에 활용하고 이미 벌어진 일을 통해 역사를 새롭게 만들어가는 힘으로 인간은 비로소 인간이 된다."라고 썼다.

그러나 이런 경험을 위해 가능한 한 많은 사람에게 추앙받기를 갈망하는 듯한 브란덴부르크 문 같은 관광 명소에 굳이 가야만 할까? 몇몇 이야기와 기념비만으로도 그 목적을 이룰 수 있지 않을까? 우리가 살고 있는 동네 근처에서도 그런 장소를 찾을 수 있지 않을까?

그 같은 생각이 머릿속을 떠나지 않았고 나는 조금씩 내 작은 세계 안의 역사와 이야기 속으로 파고들기 시작했다. 이웃이 제공하는 작은 교훈들을 살펴보려면 그저 하루나 이틀 정도의 휴가로도 충분하다. 시티 투어를 해 보는 건 어떤가? 책을 사 보는 것도 좋다. 고서점에 가서 옛날 엽서 모음 코너를 살펴보고 인터넷으로 자료를 조사해 보라. 지나간 세상의 풍경은 진실로 오묘한 즐거움을 줄 것이다. 그리고 어쩌면 새로운 통찰력을 가져다 줄 수도 있다.

사실 내가 알게 된 사실 중에는 재미있는 사연을 품은 것이 많다. 가령 20세기 초에 베를린 소방서에서는 내연 기관의 성능을 그리 신뢰하지 않아서 배터리로 움직이는 전기 차를 사용했다고 한다. (역사적으로 봤을 때 얼마나 커다란 기술 진보의 기회를 놓친 것인가!)

반면 나에게 현실적인 가르침을 준 일화도 있었다. 예를 들어 완벽한 평화는 세상 어디에도 없다는 사실이다. 멋지고 우아하게 옷을 입은 남녀가 새로 지은 건물들이 늘어선 도시를 시크하고 사랑스러운 모습으로 산책하며 느긋하게 웃음 짓는 사진은, 편안하게 동네를 돌아다니는 지금의 나를 떠올리게 한다. 하지만 불량한 정치 세력이 집권해 상황이 불확실해지면 갑작스러운 일들이 얼마나 많이 일어날지를 생각하게 된다. 이 동네에서도 얼마나 많은 사람이 나치에 의해 쫓겨나고 추방되고 살해되었는가! 당시 쇠네베르크에는 유대인이 1만 명 넘게 살며 가게를 운영했고 지금도 여전히 존재하는 카페와 식당에 드나들었다. 하지만 이들이 살던 거리는 완전히 폐허가 되어 버렸고 이제는 존재를 상상도 할 수 없다.

우리 동네는 전쟁이 남긴 상처와 전후의 흉터로 가득 차 있다. 말 그대로 흉터가 가득 남은 건물들을 볼 때마다 마음이 아파온다. 저쪽 모퉁이에 있는 다 허물어져 가는 그라피티로 어지러운 회색빛 아파트 자리에는 20세기 초에 전 세계적으로 유명했던 예술공예학교가 있었다. 지금은 아무도 기억하지 못하지만 말이다. 비용 효율을 따져서 1970년대에 건설한 거대한 주택 단지인 사회 궁전Sozial Palast은 주민의 더 안전한 삶을 위해 사회복지사들이 일하는 곳이다. 그곳에는 괴벨스Paul Joseph Goebbels가 1943년에 '전면전'을 선포했던 쇠네베르크 스포츠 궁이 있었다. 한때 그곳에는 경기장 여러 개가 있었으며, 천장에 15만 개가 넘는 조명이 빛나고 6천 명의 사람이 야자수와 풀 먹인 테이블보가 깔린 식탁에서 한꺼번에 식사를 할 수 있는 대연회장이 있었다. 하지만 괴벨스가 연설을 하고 몇 달 지나지 않아 몇 번의 폭탄 공격으로 화려함은 모두 불길에 휩싸여 잿더미가 되었다.

확실한 것은 아무것도 없다. 그것이 내가 우리 동네에서 알게 된 진실이다. 알게 된 것이 또 있다. 인간이란 원하고 믿는 어떤 것을 위해 엄청난 힘을 동원하는 존재라는 것이다. 우리 동네는 오래전부터 전쟁뿐 아니라 태산도 움직일 수 있을 것 같은 진보에 대한 믿음, 변화에 대한 의지가 깊은 곳이기 때문이다.

인술라너Insulaner는 150만 세제곱미터의 전쟁 잔해에서 만들어졌는데, 오늘날 쇠네베르크 지역 주민이 햇볕을 쬐고 야외 수영장에서 첨벙거리며, 겨울이면 눈썰매를 타고 내려올 수 있는 아름다운 언덕 공원이다. 그리고 항상 그 자리에 서 있는 것이 어색해 보이는, 우리 집과 가까운 쾨니히콜로나덴 Königkolonnaden은 원래 알렉산더 광장에 있었는데 새로운 베르트하임 백화점Wertheim-Kaufhaus이 들어서며 자리를 비워 주어야만 했다. 그러나 철거하기보다는 다른 곳에 재배치하기로 결정하여 지금의 자리로 왔다. 그리고 유명한 백화점 카우프하우스 데스 베스텐스KaDeWe는 지어진 지 100년이 넘었는데, 1905년에 이 백화점을 지으려고 1890년에 지어 올린 고급 주택들을 가차 없이 철거했던 역사가 서려 있다. 그런 일이 가능했다니 얼마나 활력이 넘치던 시대였을지 상상이 간다. 일관성과 확신을 가지고 도시의 교통을 만들고 녹지를 포장하고 주택을 철거하던 시기였다.

가장 인상 깊었던 것은 뷜로 거리에 있는 한 주택의 사진이었다. 사진에서 건설 회사는 고가 철도를 통과시키려고 주택에 거대한 구멍을 뚫어 버렸다. 근대성이란 약속과 함께 가능했던 과거의 이러한 일들을 생각하면 현대를 사는 우리 스스로에게 질문할 수밖에 없다. 정치가 진보하면서 왜 문제도 함께 커지는 것이냐고. 오늘날 돌봄 시설의 확충이나 석탄의 단계적 배출, 혹은 전기 이동성을 위해 더 많은 충전 소켓을 갖춘 기반 시설의 확충이 왜 점점 더 어려워지는 것일까?

이런 '깨달음'이 니체가 말한 지식에 속하는 걸까? 아마도 그는 좀 더 심오하고 근본적인 깨달음을 의미했을 것이다. 하지만 실제로 나는 우리가 지금까지 알지 못하고 살아온 역사 속으로 천천히 파고들 때 무엇을 배우는지는 그리 중요하지 않다는 사실을 알았다. 왜냐하면 취미로 하는 역사 연구의 진정한 매력은 가장 근본적인 지식을 얻기 위한 것이 아니기 때문이다. 오히려 어디에도 가지 않고 그저 고서와 오래된 사진들을 들춰 보는 것 말고는 아무것도 하지 않으면서도 완전히 새로운 세상을 보게 된다는 데 참된 매력이 있다.

여행할 때, 우리는 종종 장소를 바꿈으로써 자신이 좀 더 다른 사람, 즉 더 느긋하고 가벼운 발걸음으로 세상을 주의 깊게 들여다보는 사람으로 변하기를 바란다. 하지만 그것은 반대로 작용하기도 한다. 우리가 자신이나 관점을 바꿀 수도 있지만 그 다음 순간 세상이 우리에게 다른 얼굴을 보여주기도 한다. 이전에는 지루하게만 보이던 건물 전면 장식이 말을 걸어오기 시작하고 차들이, 시끄럽게 오가는 사거리 한복판이 우리에게 지난 시간을 말해 준다. 갑자기 우리는 새로 포장한 아스팔트 위만 걸어가는 것이 아니라 그 아래의 퇴적물이 내려다보이는 반사판 위를 걷게 된다. 또한 보이는 것만 보는 것이 아니라 지금껏 일상 속에서 보지 못했던 것도 볼 수 있다.

지워지고 잊히고 억압받았던 세대들이 우리 앞에 나타난다. 브란덴부르크 문처럼 당당한 배경도 없고 빛나거나 훌륭한 상상 속 이미지에 걸맞지도 않아서 숨겨졌던 것들 말이다.

십일일째 비에 흠뻑 젖어 보는 것은
생각보다 괜찮다

> 궂은 날씨는 창문을 통해 볼 때 실제보다
> 훨씬 더 나쁘게 보인다.
>
> ———— 톰 레러

집에서 보내는 휴가가 지닌 단점은 언제든 비가 올 수 있다는 것이다. 하지만 뭐가 문제인가? 상관없다. 2018년 프랑스 대 크로아티아의 월드컵 결승전을 기억하는가? 시상식 도중 갑자기 하늘의 수문이 열렸던 순간을 말이다. 미칠 노릇이었다. 주최 측 고위급 인사들을 비롯한 세상에서 가장 힘 있는 사람들이 그 자리에 서 있었다. 콜린다 그라바르 키타로비치Kolinda Grabar-Kitarovic 크로아티아 대통령, 지아니 인판티노Gianni Infantino FIFA 감독, 에마뉘엘 마크롱Emmanuel Macron

프랑스 대통령과 블라디미르 푸틴Vladimir Putin 러시아 대통령. 그들은 모두 공손하게 미소를 짓고 서 있었다. 하지만 곧 물 폭탄이 떨어졌다. 모든 사람이 흠뻑 젖었고 이내 뼛속까지 젖어 들었다. 대통령의 코에도, 구슬로 장식한 멋진 모직 양복에도 빗방울이 뚝뚝 떨어졌고 미용실에서 공들여 손질한 머리가 망가졌으면 다림질한 셔츠가 젖어 속이 비치고 말았다. 그런데 어느 순간에 지나치게 열성적인 경호원이 크로아티아 대통령을 지나쳐 러시아의 푸틴 대통령 머리 위에 우산을 받쳐 주었다. 수많은 참석자 중 반밖에 젖지 않은 사람은 푸틴뿐이었다. 하지만 누가 즐거움을 맛보았을까? 비에 흠뻑 젖은 채 술을 마시며 파티를 즐긴 사람들, 환호하고 웃다가 서로 빗물을 튀기면서 포옹하는 사람들이었다.

굳은 날씨는 보통 모두에게 가장 나쁜 시나리오이다. 휴가 여행 상품이 개발된 후 가장 먼저 시장에 등장한 보험 중 하나는 강수량 1밀리미터마다 할인율을 적용해 주는 우천 기상 보험이었다. 요즘에도 비오는 날씨는 사람들이 집에서 휴가를 보내는 것을 방해하는 중요한 이유 중 하나이다. 사람들은 비를 피해서 뜨거운 지중해로 가는 비행기를 예약한다. 대부분의 사람들에게 이슬비가 내리는 주말은 잃어버린 주말이고, 비가 줄줄 내린 날씨 속에서 여름휴가를 마치고 집으로 돌아오는 사람들을 주변 사람들은 진심 어리게 동정한다. 비 내리는 날씨를 통과하는 사람은 큰소리로 불평하고 짜증내고 소리를 지르며 우산을 훔치고 택시 앞으로 뛰어들고 사람을 밀치더라도 어느 정도 허용된다. 비가 쏟아지기 시작하는 것을 알아차렸을 때 얼굴이 밝아진 사람은 지금까지 살면서 단한 사람, 비를 무척이나 좋아했던 내 전 남자친구 F뿐이었다. 그는 첫 빗방울이 창틀을 두드리는 소리를 듣자마자 열렬히 소리치곤 했다. "와! 비 온다!" 주변 사람들이 모두 피할 수 없는 상황에서 몸을 피하려 애쓰는데, 그는 종종 흥분에 휩싸여서 점점 더 많이 쏟아지는 비에 얼굴을 흠뻑 적시기 위해 거리로 달려갔다. 내가 F에게서 배운 한두 가지의 교훈은 살면서 가장 중요한 것이었다. 즉 세상에는 항상(언제나!) 사물을 다르게 보는 사람이 있다는 사실이다.

나는 폭우에 대한 분노가 사람들을 단합시키는 묘한 힘이 있음을 부정하고 싶지 않다. 독재 정권이나 대규모 정전 혹은 홍수가 사람들을 단합시키는 것처럼 말이다. 차양 아래에서 나와 똑같이 비에 쫄딱 맞은 낯선 이와 언제 비가 그칠지에 대해 내기를 해보는 것도 즐거운 일이다. 하지만 한편으로 생각해 보면 우리는 날씨에 대해 화를 내는데 얼마나 많은 시간을 보낼까? 바꿀 수 없는 것들에 대해 화를 내면서 얼마나 많은 에너지를 소모하는가! 더위에 짜증을 내고 추위에도 짜증을 낸다. 공사장의 소음에 대해, 소리 지르는 아이들에 대해, 기차에 대해. 우리는 교통 체증과 비효율적인 신호등, 거리를 메우는 단체 관광객들에 대해 짜증을 낸다. 재능도 없으면서 트롬본을 쉴 새 없이 불어대는 이웃집 학생에 대해, 불친절한 계산원과 식어 버린 배달 피자에 대하여. '범죄 현장 정보'와 인터넷 과대광고, 맛없는 커피와 나쁜 공기, 맛없는 화이트와인과 열악한 버스 노선에 대하여. 하지만 왜 그래야만 하는가? 세상은 끊임없이 건설되고 있다. 때로는 춥고 때로는 덥다. 사람마다 재능이 다르고, 때로는 불행에 빠지거나 슬픔에 잠기거나 행복한 사람도 있다. 물론 재수 없는 사람도 있다. 큰소리로 불평하는 사람, 지독하게 노력하거나 전혀 노력하지 않는 사람도 있다. 때로 피자가 너무 차가워진 상태로 배달되기도 하고, 관광객들은 여기저기를 다니고 그런 와중에 때때로 비가 오기도 한다. 이러한 이치를 이해하는 사람은 평균적으로 주어진 지상에서의 70년에서 80년 세월을 잘 보낼 수 있다.

그러니 집에서 보내는 휴가 기간에 비가 온다 해도 기분 상하는 일이 없기 바란다. 최대한 날씨를 활용하라. 아무튼 우리 집은 남쪽에 있는, 난방이 되지 않거나 눅눅한 호텔과는 달리 기나긴 장마철을 보내기에 매우 완벽한 준비가 되어 있다. 이 기회에 오래 전부터 하고 싶었던 몇 가지 일을 해 보는 것이 어떤가? 물론 휴가처럼 들리지는 않겠지만 그보다 만족스러운 일은 없을 것이다. 달력을 살펴보고 친구의 생일 선물에 대해 생각해 보라. 지난 휴가 때 찍은 사진들을 정리해서 멋진 사진첩을 만들어 보라. 어쩌면 그것이 생일 선물도 되지 않을까? 케이크를 만들어 친구들을 티 파티에 초대해 보라. 아니면 DVD 영화를 보며 혼자 케이크를 즐겨도 좋다. 오랫동안 침대 옆 테이블에 두고 손도 대지 않았던 소설을 읽기 시작하는 건 어떨까? 비 오는 날은 옷장이나 욕실 수납장, 부엌 서랍을 정리하는 것과 같이 집안일을 몰아서 하기에도 적당하다. 정리한 물건들은 사진을 찍어 인터넷 장터에 올리거나 주변의 물품들을 거래하는 '네벤안nebenan.de' 같은 사이트에 올려 놓으면 된다. 오래된 잡동사니를 없앨 뿐 아니라 놀라울 정도로 예쁜 드레스나 오래된 고기 분쇄기 혹은 당신이 좋아하지 않은 향수 등을 우연히 손에 넣은 사람을 예기치 않게 만날 수 있으니 좋다. 가끔 나는 쓰지 않은 물건들을 초콜릿이나 아이들을 위한 물건과 바꾸기도 한다. 결국 모든 사람에게 혜택이 돌아가는 것이다.

　그런데 이삼일이 지나도 비가 그치지 않는다면? 아무리 애를 써도 천장에 매달린 실링 팬이 서서히 머리 위로 내려오는 듯한 느낌이 든다면? 그리고 남쪽으로 휴가를 가지 않기로 한 결정에 대해 희미하게 후회가 몰려오기 시작한다면? 그럴 때면 밖으로 나가 궂은 날씨와 맞장을 떠 보는 건 어떨까? 물에 좀 젖더라도 빗속에서의 즐거움을 절대로 포기하지 않는 어린아이들처럼 말이다. 장화를 신고 평소 같으면 욕을 하면서 피했을 물웅덩이 속으로 행진해 보라. 장담하건대 다음 모퉁이를 돌 때쯤이면 진흙탕 속으로 발을 내디딜 때마다 즐거움이 온몸으로 짜릿하게 번지던 그때 그 시절로 돌아간 듯한 느낌이 들 것이다.

비에 흠뻑 젖어 본 사람은 분명 그 안에서 특별한 무언가를 배운다. 그리하여 다음번 소나기가 쏟아질 때는 짜증을 내는 대신 차양 밖으로 나올 엄두를 내지 못하는 가엾은 이웃에게 우산을 던져 주고는 비를 맞으며 머리를 높이 들고 걸어 가 보라. 보기에는 안타까울 수 있으나 마음속에서는 기쁨이 넘칠 것이다. 감히 운명에게 엿을 먹였으니 말이다.

여행하되
가지 말라

> 나는 결코 얻을 수 없는 세 가지를 꿈꾼다.
> 영국제 비옷을 입고 지브롤터 원숭이를 품에
> 안고, 지구본을 돌리면서 잔잔한 바다를 건
> 너 환상적인 나라를 여행하는 것. 그것이 아
> 마 내가 누리는 가장 큰 행복이 될 것이다.
>
> ——— 피티그릴리

　아무리 열정적으로 집에 머무는 것을 좋아하는 사람이라도
뭔가 아쉬움이 있을 것이다. 새로운 그 무엇, 좀 더 다채롭고
자신의 좁은 경계로부터 스스로를 해방시켜 주는 것에 대한
갈망 말이다. 아무리 게으름과 무위를 열심히 실천해 왔더라
도, 일상의 소박함을 예찬하며 익숙한 것에서 새로운 것을 보
려고 애써 왔을지라도 변화에 대한 갈망은 순식간에 솟구칠
수 있다. 해방의 희망. 그리고 때로는 우리의 오랜 친구인 방
랑벽도 돌아올 것이다.

이는 19세기말 퇴폐 문학의 고전으로, 조리스 카를 위스망 스Joris-Karl Huysman가 1884년 출간한 소설 『거꾸로À rebours』의 주인공인 장 데 제셍트Jean des Esseintes에게 일어난 일이기도 하다. 오래된 귀족 가문의 마지막 자손인 데 제셍트는 바깥 세상에 싫증이 나서 파리 근교의 외딴 시골집으로 이주한 후 영원히 그곳에 머물기로 작정한다. 거의 터무니없이 세련된 취향을 가진 데 제셍트는 인공조명과 완벽하게 조화된 색상으로 집을 꾸미고 하나의 대안적 세계를 창조했다. 가능하면 하인들과 만나지 않도록 건물을 별도로 짓고 이제 막 구입한 새 카펫과 색깔을 맞추는 것 말고는 다른 의미가 없는, 등에 황금 칠을 하고 보석을 박은 거북이를 키웠다. 또한 향수와 술로 지루한 날들을 달랬다. 엄청나게 많은 난초와 식충식물을 배달시키고, 고문과 참수 장면을 비롯한 온갖 기괴함으로 가득 찬 벽화를 보면서 하루하루를 보냈다.

하지만 그 모든 퇴폐적 생활에도 불구하고 그는 악몽과 환각과 억압적인 기억으로 고통당한다. 탐닉의 세계에 오래 머물수록 식욕도 떨어지고 불안과 짜증, 괴로움은 커져만 간다. 그러던 어느 날 아침 그는 문득 결심한다. 런던으로 가야겠다! 지금 바로! 대도시의 다급한 소음과 세상의 가차 없는 소란 속에서 나의 불안함은 반드시 극복될 것이다. 그는 하인들에게 서둘러 짐을 챙기도록 하고 가장 영국인다운 양복 속으로 몸을 밀어 넣은 뒤 모자와 우비를 걸치고 기차역으로 가는 마차에 몸을 실었다.

파리에서 공작은 런던으로 돌아가는 기차가 떠나기 전까지 얼마간의 시간을 보냈다. 비가 퍼붓고 있었으므로 그는 마차를 불러 비에 잠긴 파리 시내를 돌아보았다. 그는 거리를 내다보다가 책에서 본 항상 안개에 젖어 있다는 런던에 와 있는 게 아닌가 하는 착각에 빠졌다. 그는 리볼리 거리에서 여행 안내서를 산 다음, 주로 영국인들이 드나드는 술집으로 들어갔다. 거기서 포트 와인 한 잔을 주문한 뒤, 가까이서 들려오는 영국인들의 이야기 소리에 마음이 저절로 풀려서 자신이 마치 찰스 디킨스의 소설 『데이비드 코퍼필드』의 한 장면에 등장하는 인물인 듯한 느낌에 사로잡힌다.

장 데 제셍트는 술집에서 나와 마치 템스강 밑의 암울한 터널 속에 발을 들여놓는 듯한 느낌으로 리볼리 거리를 걸었다. 다행히도 시간이 조금 남아서 기차역 근처의 영국 레스토랑에서 저녁 식사를 할 수 있었다. 그 식당 역시 손님이 대부분 영국인이었는데 주눅 든 표정으로 외국 신문을 읽는 붉은 뺨을 가진 남자들과 그를 경악케 하는 동시에 묘하게 흥분케 한, 엄청난 식욕으로 음식을 걸신들린 듯 먹어 치우는 남자같이 건장한 여자 손님들이 보였다. 오랫동안 음식이라고는 거의 한 점도 입에 넣지 못했던 그는 이 광경에 식욕이 생겨나서 소꼬리 수프와 대구구이 그리고 감자를 곁들인 로스트비프를 주문하고 흐뭇하게 먹어 치운다. 그는 주문한 음식을 에일 맥주 두 잔과 곁들여 먹고 스틸턴 치즈(푸른색 줄이 나 있고 향이 강한 영국 치즈⁺)를 달라고 하고는, 루바브 케이크로 마무리를 한 뒤 포트 와인으로 입가심을 했다. 그런 다음 느긋하게 의자에 앉아서 담뱃불을 켜고 진을 섞은 커피를 홀짝거리며 혼잡한 레스토랑에서 아무도 신경 쓰지 않을 평범한 복장을 선택한 자신의 안목에 흐뭇해 한다.

그러다 기차 출발 시간이 가까워 온다는 사실을 떠올린다. 그는 이제 계산을 하고 떠나야 할 시간이라는 걸 알았지만 느닷없이 극복하기 어려운 나태함에 사로잡힌다. 그는 살면서 유일하게 가 본 네덜란드 여행을 떠올렸다. 루브르 박물관의 그림에서 본 행복하고 즐겁고 아늑한 나라의 풍경과는 달리 얼마나 실망스러운 곳이었던가! 그곳은 다른 어디와도 그리 다르지 않았다! 갑자기 공작은 온몸이 마비된 듯한 감각에 사로잡혔다. 진짜 런던이 자신이 꿈꾸어 왔던 런던보다 나으라는 법이 있을까? 지난 몇 시간의 황홀한 느낌을 쓸모없는 여행으로 망치는 것은 아닐까? 의자 위에 편안하게 앉아서 멋지게 여행할 수 있는데 군이 먼 곳으로 가야 할 이유가 있을까?

결국 공작은 런던행 기차를 그냥 보내고 예정보다 일찍 시골집으로 돌아갔다. 하인들은 허둥지둥하며 그를 맞이했고 공작은 그 후로도 오랫동안 그곳을 떠나지 않았다.

장 데 제셍트는 잠시 방랑벽에 압도당했지만 그 충동을 따르지 않았다. 현실이란 자신이 꿈꾸던 것과 결코 일치하지 않는다는 사실을 깨달았기 때문이다. 맞는 말 아닌가? 현실이란 언제나 우리의 기대에 미치지 못하는 게 아닌가? 환상이란 벌거벗은 현실이라는 바닥에 닿자마자 산산이 부서지는 연약한 접시 같은 것이 아닌가?

이는 단순한 사실주의가 아니다. 신경 생물학자들이 오래전에 실험으로 증명하기도 했다. 무언가 특별히 즐거운 일이 예상되자마자(맛있는 식사, 멋진 데이트, 멋진 새 신발) 도파민을 분출하며 우리를 흥분시키는 뇌의 보상 센터는 사실 기대 센터로 부르는 것이 맞다. 왜냐하면 관련 신경 세포들은 보상 그 자체에 반응하기보다는 오히려 보상에 대한 기대 혹은 상상에 반응하기 때문이다. 예를 들어 만약 원숭이가 곧 사과를 얻을 것이라는 신호를 빛으로 받으면 원숭이의 신경은 폭발한다. 하지만 조금 있다 실제로 과일을 받을 때쯤이면 흥분은 가라앉고 즐거움도 보통 수준이 된다. '기대가 가장 큰 즐거움'이라는 옛말이 딱 맞다.

　일단 이것을 내면화하면 당신에게도, 집에서 보내는 휴가에도 완전히 새로운 문이 열린다. 굳이 소망을 이루기 위해 전력을 다할 필요도 없다. 그저 소망 그 자체만으로 충분한 것이다. 이것을 알면 불필요한 좌절감에 빠지지 않고 멋진 시간을 보낼 수 있다. 예를 들어 가게로 가서 쇼핑의 즐거움을 만끽해 보라. 멋진 드레스와 빙빙 돌기에 좋은 치마, 풍성한 스카프와 섬세하게 디자인된 샌들을 비롯한 모든 것을 양팔에 잔뜩 안고 계산하기 직전에 판매원에게 넘겨준 뒤 홀연히 사라지는 것이다. 사실, 물건을 사기로 결심했을 때의 기쁨이 가장 크다. 하지만 그것을 일단 손에 넣고 나서 사는 것을 포기할 때 느끼는 기쁨은 그보다 더 압도적이다. 마치 아무것도 바라는 것 없이 남자와 추파를 주고받는 것만큼이나 신이 난다. 얼마나 마음이 가벼운지! 두 손이 얼마나 편해지는지! 옷장에는 아직 충분한 공간이 남아 있다! 그 후엔 자신이 소유한 것에 대한 만족감이 더욱 커질 것이다!

　얼마 전 일본의 정리 전문가인 곤도 마리에를 내세운 넷플릭스 시리즈가 돌풍을 일으켰다. 이 시리즈는 기본적으로 항상 상냥한 웃음을 짓는 집행관이 일반 가정집을 방문하여 집 안의 쓰지 않는 물건 정리를 돕는 것으로 구성되어 있다. 이

때 곤도 마리에의 황금 법칙이 있다. 즉각적인 설렘을 주는 물건만 간직하고 나머지는 모두 큰 쓰레기봉투에 담아 길에 내놓는 것이다. 아울러 버리는 팬티스타킹 하나하나에게 지금껏 한 일에 감사하다며 작별 인사를 해야 한다. 여기에는 스위스 일간지 『NZZ』의 바르바라 회플러Barbara Höfler 기자가 말한 '슈퍼마켓 비닐봉지 도입 이후 최대의 민간 환경 오염 발생'의 문제가 숨어 있다. 집안 물건을 정리하는 것은 일본식 미니멀리즘을 실천하는 일이 아니라 새로운 물건을 사기 위한 공간을 만드는 일이기도 하기 때문이다. '마법의 정리'란 물질적인 소비를 절제하라는 교훈을 주기보다는 버리기를 가속화시키는 길잡이에 불과할 수 있다. 속옷을 세 번 접어 정리함에 가지런히 넣는 곤도 마리에의 정리 방법 이면에는, 속옷 정리함의 혼란스러움보다 더 큰 문제는 자원을 망가뜨리는 소비적 행동이란 사실이 숨어 있다.

제1차 세계 대전 전에는 한 가족이 소유했던 물품이 평균 1,800개였으나 오늘날에는 중앙 유럽인 한 명당 소유한 물품이 1만 개에 이른다. 1만 개의 물건은 우리가 소유해야 한다고 생각해서 갖게 된 것이다. 가게에서 골라서 돈을 지불하고 집으로 가지고 온 것이다. 곤도 마리에가 정리하고 난 후 누구나 행복의 눈물을 흘릴 정도로 찬장과 서랍, 창고 등을 어지럽히는 1만 개의 물건이라니.

곤도 마리에를 집으로 데려오는 상상을 해 보았다면 '마법의 쇼핑'을 먼저 상상하도록 권하고 싶다. 방법은 아주 간단하다. 진정으로 지속적인 즐거움을 주지 않을 것 같은 물건들을 이것저것 고른 다음 계산대 바로 앞에서 멈추는 것이다.

일단 이 시도가 성공하면 거의 모든 영역으로 확장할 수 있다. 오랫동안 음성 비서와 주변 감지 센서를 갖춘 거대한 와이파이 지원 텔레비전을 구입하기를 원했다면? 일단 전자제품 매장으로 가라! 단 주문서를 가지고 계산대로 가기 전에 생각을 바꾸면 된다. 계산하지 않고 매장 밖으로 나가는 것이다. 짜잔! 돈을 절약했을 뿐 아니라 배달 서비스를 기다릴 필요도 없고 설명서를 보며 끙끙대거나 앱을 다운로드하고 업데이트를 할 필요도 없다.

오랫동안 새로운 식탁을 구입할 꿈을 꿔 왔다면? 가장 멋진 가구점에 가서 마음껏 골라라. 하지만 구입만은 하지 말라. 그 결과 당신의 계좌 잔고도 부엌의 크기도 걱정거리가 되지 않는다. 기왕에 가구점에 왔으니 비싼 커튼도 마음껏 만져 보고 당신의 거실에는 절대 어울리지 않을 소파에도 한번 앉아보자. 무척 값비싼 옷장이나 부엌, 조명의 기능을 광범위하게 테스트해 보라. 실제로 이러한 가상 소비로 살고 있는 아파트를 개조할 수도 있다. 더러움이나 소음을 유발하지 않고는 설치할 수 없는 시크한 욕실 타일을 선택해 보라. 굳이 목수를 불러 성가시게 침실의 낡은 마루를 거대하고 고풍스러운 성 마룻장으로 교체하지 않아도 된다. 호텔 같은 조명 시스템을 굳이 직접 구입할 필요도 없다. 가상의 스마트 하우스를 통해 존재하지 않는 지붕 테라스에 수영장을 지으면 안 될 이유는 또 뭐가 있을까.

같은 방식으로 온라인 쇼핑도 할 수 있다! 다만 절대로 결제 버튼을 누르면 안 된다. 사과나무 절단기를 선택하면서 집에 발코니만 있을 뿐 마당 한 뼘도 없다는 사실을 잊어도 상관없다. 어마어마하게 값비싼 핸드백을 살펴보거나 갑자기 부자가 되어 리우데자네이루로 이주할 상상을 하며 아파트를 둘러볼 수도 있다. 온갖 기괴한 물건들로 가득 찬 바다에 풍덩 빠져 헤엄쳐 보아도 좋고, 재능도 없이 DIY나 펠트 공예 그리고 양봉 같은 스릴 넘치는 취미에 빠져 보아도 좋다. 한 사람의 작가로서 책은 가능한 한 서점에서 사라고 하는 것이 신성한 의무겠지만, 나 또한 아마존 계정을 가지고 있다. 나는 이 계정을 대부분 '쇼핑 카트'의 물품들을 '위시 리스트'로 옮기는데 사용한다. 나의 '위시 리스트'는 거의 10년 전으로 돌아가는데 한때 구입할 생각을 했으나 사지 않기로 결심한 수

많은 물품을 담고 있다는 점에서 '없어도 사는 데 지장 없는 물건' 목록에 가깝다. 즉 제외된 물품의 목록인 것이다. 굳이 읽을 필요 없는 고전 외에도 부엌 서랍을 꽉 채울 뻔한 온갖 조리 기구들, 전문가용 리볼버 펀치 등 나를 성가시게 할 뻔한 여러 가정용품이 위시리스트를 채우고 있다. 구연산 1킬로그램, 스냅 훅 열 개. 또한 수많은 자기 계발서들, 집안에서 전기를 다루는 법, 실용서, 천 가지 합법적 절세 전략, 목공예를 위한 책, 허리 통증을 줄여 주는 요가 치료서 등.

사실 대부분의 제품은 애초에 왜 사려고 했는지 생각도 나지 않는다. 내 허리도 그다지 무리 없이 할 일을 하고 있고 아파트의 전기 소켓도 작동되며 녹 방지용 페인트로 어디를 칠했는지는 기억도 나지 않는다. 글쎄 카를 마르크스Karl Marx 모양 저금통은 다시 보아도 정말 재미있지만, 계속 나에게 진정한 즐거움을 가져다 줄 수 있을까?

그건 그렇고, 나에게 최고의 여행은 장 데 제생트처럼 런던에 가는 것이 아니라 아이슬란드로 가는 것이었다. 20년도 넘은 지난 시절의 꿈이지만 지금도 여전히 그 덕을 보고 있다. 그때 나는 지역 도서관의 버려진 책 더미 속에서 두꺼운 여행안내서를 발견하는데, 처음부터 끝까지 열렬하게 읽었다. 읽고 나니 당연히 그곳에 가 보고 싶었다. 어떤 자연 경관을 가장 보고 싶은지를 생각하고 호텔과 렌터카를 찾아 본 뒤, 여행 가기 가장 좋은 시기는 언제일지를 따져 보았다. 하지만 그곳으로 가는 비행기 표 값이 얼마나 비싼지 곧 알게 되었다. 적어도 학생이었던 나에게는 너무나 비쌌다. 그래서 여행을 미루고 미룰 수밖에 없었다. 드디어 항공권을 살 여유가 생긴 지금은 그 섬에 더 이상 가고 싶지 않다. 아이슬란드가 너무나 혼잡해졌기 때문이다. 베를린에서 온 다른 관광객들에 섞여 온천을 둘러보기 위해 굳이 세계의 끝을 여행해야만 할까?

여전히 꿈을 이루지 못하고, 레이캬비크로 날아가지 못해 슬프냐고? 전혀 그렇지 않다. 나는 이미 가슴속으로 그곳을 여행했기 때문이다. 그러니 가고 싶은 곳이 있다면 여행 안내 책자와 삽화집, 여행사의 카탈로그 같은 것을 참고해 어디든 여행해 보라. 꼼꼼하게 여행 계획을 세우고, 그 모든 것을 가장 눈부신 색으로 칠하되, 장 데 제셍트처럼 어떤 일이 있더라도 그곳엔 가지 말라.

십삼일째	박물관 '방문'보다는 작품 '감상'

멀리보다는
깊이 여행해야 한다.

──────── 랠프 월도 에머슨

집에서 보내는 휴가의 가장 좋은 점 중 하나는 갑자기 시간
이 무척 많아진다는 점이다. 여행할 때, 우리는 해야 한다고
생각하는 것들을 정하고 수행하기를 즐긴다. 땀을 흘리며 관
광을 하고 먼발치에서라도 꼭 유명한 궁전이나 성당을 보기
를 희망한다. 박물관에서는 간혹 수많은 예술 작품으로 인해
은근히 스트레스를 받아서 복도나 전시장을 무심히 거닐어
보거나 예술 작품 사이를 스치듯이 빠르게 통과하기도 한다.

적어도 나는 그렇게 느꼈다. 미술사를 공부한 데다 몇몇 박

물관은 매우 훤히 꿰뚫고 있어서 심지어 어둠 속에서도 구석구석 길을 찾을 수 있었다. 뮌헨의 게오르겐 거리에 있는 미술사 연구소의 어둑한 세미나실에서 수백 시간을 보낸 적이 있다. 얼룩진 캔버스에 바니타스 정물Vanitas' still life(17세기의 네덜란드 화가 피터르 클라스Pieter Claesz가 그린 정물화[+])을 비추는 슬라이드 프로젝트의 윙윙거리는 환기 소음이 그 어떤 소리보다 내 귀에 익숙하다. 하지만 나도 파리의 루브르 박물관이나 베를린 국립 회화관, 뮌헨의 알테 피나코테크 미술관Alte Pinakothek에 가면 다른 방문객보다 훨씬 더 많은 예술 작품을 볼 수는 없다. 왜 그럴까? 벽에 걸린 그림들을 들여다보는 데 시간을 많이 들이지 않기 때문이다. 물론 나는 군데군데 서서 몇 분 동안 그림 속에 빠져 들기도 한다. 피터르 브뤼헐이 표현한 혼잡한 풍경과, 빌렘 칼프Willem Kalf의 그림 속 복숭아의 표피를 재현하는 현란한 솜씨에 조용히 경탄을 보내면서. 얀 베르메르Jan Vermeer의 고요한 그림의 아름다움에 감탄하고 렘브란트가 그린 형상을 빛나게 하는 따뜻한 빛에 매혹되기도 한다. 하지만 내가 표현된 것의 표면 아래에 무엇이 있는지 과연 파악할 수 있을까? 예술을 정의하는 말할 수 없고 보이지 않는 것들을 볼 수 있을까?

오스트리아의 위대한 작가 토머스 베른하르트Thomas

Bernhard의 소설 『옛 거장들Alte Meister』은 30년 동안 비엔나 미술사 박물관을 이틀에 한 번꼴로 11시부터 1시 30분까지 방문한 신랄한 음악 평론가이자 노신사 레거Reger에 관한 이야기다. 박물관이 문을 닫는 월요일을 제외하고는 이틀에 한 번씩 그는 회색 벨벳으로 덮인 벤치가 있고 실제로 존재하지도 않는 '보르도네 방'에 앉아 있다. 이틀에 한 번씩 같은 그림을 보고, 『뉴욕 타임스』에 실릴 칼럼을 쓰며 예술과 삶의 병폐에 대해 생각하고, 바로 그 그림 앞에서 만난 사랑해 마지않았던 죽은 아내를 그리워한다. 레거는 이탈리아 화가 틴토레토Tintoretto가 1570년에 그린 「하얀 수염의 남자Bildnis eines weißbärtigen Mannes」를 보러 온다. 캔버스에 그린 유화 작품으로 베른하르트가 경멸하는 투로 묘사한 바에 따르면 '주문받아 그린' 베니스 귀족의 초상화이다.

하지만 레거가 그림 속에서 본 것이 단지 그것뿐일까? 무엇이 그 그림을 매혹적으로 만드는지, 그것을 보면서 그가 어떤 감정을 느끼는지는 소설 속에 거의 묘사되지 않았다. 만약 베른하르트를 흉내 내고 싶다면 비엔나 미술사 박물관에 가서 뒤러Dürer와 크라나흐Cranach, 루벤스Rubens의 그림에는 전혀 신경 쓰지 말고 곧바로 틴토레토 전시관으로 가서 그림을 잠시 바라보라. 그게 무엇인지 감이 올 것이다. 미술사를 공부하거나 기발한 책을 읽거나 안내서를 보지 않아도 된다. 그림 속에 푹 빠져서 한동안 바라보고 있으면 화폭 속의 노인이 부드럽고 정직하게 당신의 눈을 들여다보고 있을 것이다. 거의 450세가 넘은 노인의 표정이 너무나 걱정스럽고 슬퍼보여서 마치 당신의 외로운 마음을 직시하는 듯한 느낌이 들 수 있다. 유명 화가 줄리안 슈나벨Julian Schnabel은 『SZ-매거진』에 기고한 글에 이렇게 적었다.

"대부분의 관람객은 자신이 잘 안다고 생각하는 작품을 보러 박물관에 간다. 유명한 그림의 원본에 집중하기보다는 그림이 앞에 있는 벽에 정말로 걸려 있는지 확인하는 것이 먼저이다. 그러고 나서 셀카 봉을 들고 사진부터 찍는다. 사진으로 저장하지 않으면 이 세상에 존재하지 않는 것과 같기 때문이다. 스마트폰 화면에서 디지털 이미지로 저장하지 않으면 그것은 경험하지 않은 것이나 마찬가지다."

한 번쯤 관광객이 아닌 자세로 박물관에 들어가 보면 슈나벨의 말이 옳다는 걸 알게 된다. 가능한 한 짧은 시간에 가능한 한 많은 예술 작품을 감상하지 말고, 반대로 가능한 한 적은 수의 작품 앞에서 가능한 한 많은 시간을 보내 보라. 나는 20년 전쯤에 런던으로 수학여행을 갔다가 인상 깊은 경험을 했다. 당시 테이트 모던 미술관에서 화가 바넷 뉴먼Barnett Newman의

회고전이 열렸다. 뉴먼은 하드에지Hard-Edge(1950년대 말에 미국에서 일어난 기하학적 추상화의 새로운 경향[+]) 미술의 창시자 중 한 명으로, 색채 면에 '지퍼Zip' 라 부르는 수직 줄무늬 외에는 아무것도 그리지 않았다. 다소 엄격하고 추상적인 이미지들은 이케아 욕실 매트보다 더 큰 감흥을 주지 않았다. 하지만 아침저녁으로 뉴먼의 그림을 한 점 가져다 두고 감상하다 보니 내 태도가 달라졌다. 우리는 그림 앞에 앉아서 그것이 우리에게 미친 영향을 이야기하고 그것에 대해 말하고 그림에게 말도 걸었다. 조금 있으니 실제로 그림이 나에게 말을 걸기 시작했다. 우리 심장에 흐르는 아름다움과 고통 그리고 눈물에 대해 이야기해 주었다. 이 세상과 우리를 무엇이 연결하고 떼어 놓는지도 이야기했다. 전율이 흐르는 동시에 감동적인 경험이었고 평생 삶에서 그토록 도취감과 일체감을 느낀 적이 없었다. 예술 작품 그 자체뿐 아니라, 내가 지금 경험하는 것보다 삶에서 놓치고 사는 부분이 훨씬 많다는 사실에 대한 깨달음이 내 가슴을 울렸다. 단지 나의 무관심과 부주의함으로 무심코 지나친 것들이 얼마나 많은가!

아쉽게도 템스강가에서 보낸 그 시절이 나를 더 나은 사람으로 만들었다고 말하기는 어렵다. 나는 자주 전시장으로 달려가서 벽에 걸린 예술품들을 그저 피상적으로만 바라보았다. 하지만 가끔씩 그때의 기억들이 마음속에서 떠오르면 발걸음을 멈추고 주위를 둘러보거나, 나에게 침묵하거나 말을 거는 작품들을 다시 한 번 찾아본다. 그리고 그 앞에 앉아서 작품을 분석하거나 연구하려 하지 않고 그저 바라만 본다. 드물게는 베른하르트의 소설 속 늙은 비평가처럼 미술관으로 가서 특정한 그림을 응시하다 온다. 뮌헨의 노이에 피나코테크 미술관Neue Pinakothek에 걸려 있는 호들러Hodler의 그림이나 베를린 국립 회화관에 있는 카라바조Caravaggio의 그림들이다. 그건 마치 집으로 돌아오거나 오래된 친구를 찾아가는 것과 느낌이 비슷하다. 새로운 경험이나 멋진 것을 보려고 그곳에 가는 것이 아니다. 마음의 휴식을 취하려고 간다.

그림은 사람과 같아서 문을 사이에 두고는 제대로 알 수가 없다. 직접 만나고 그가 하는 말에 귀를 기울여야 하며, 상대가 마음을 열기를 기다리기보다는 먼저 내가 마음을 열어야 한다. 그럴 때 예술은 지식과는 아무런 상관이 없으며 가슴으로 느끼는 그 무엇이라는 것을 깨달을 것이다. 수많은 사람이 북적이는 틈에 섞여 사원을 거닐거나 성상을 돌거나 성당 내부를 지나가는 식으로 전통적인 관광을 즐기는 것은 마치 소설책을 요모조모 사진으로 찍고 다 이해했다고 여기는 것이나 마찬가지이다.

십사일째 〉 방 안 구석구석을
여행하라

모든 인간의 불행은
방 안에 조용히 머물지 못한다는
점에서 비롯된다.

───── 블레즈 파스칼

　17세기에 그랜드 투어, 즉 '품격 있는 유럽을 통과하는 전
통적인 순환 투어(괴테)'를 나선 이들은 그다지 짐이 가벼운
여행자는 아니었다. 왕당파 여행자들이 어마어마한 생필품과
함께 챙긴 짐에는 펜나이프부터 가루 잉크, 물감과 도화지를
넣은 가방, 면도기와 바늘 그리고 실, 화구와 소금, 여행용 랜
턴과 휴대용 책상, 채혈 기구, 책과 접시, 작은 향수병과 필기
구, 각종 문서가 들어 있었다. 마지막으로 결코 하찮게 여길
수 없는 소스와 가벼운 음식 등도 있었는데, 이는 식당이나

숙소에서 제공되는 맛없는 음식을 대체하기 위한 비상식량이었다. 독일, 스위스, 파리, 페테르부르크로 여행을 떠난 승객을 이끌었던 유능한 여행 안내원들은 최적의 기능을 위해 2주에 한 번씩 재장전해야 하는 2연발 권총을 휴대하도록 강력히 추천했다. 여행 도중에 다른 귀족과 어울릴 기회를 얻지 못해 호텔을 이용해야만 했던 상류층 여행자들은 다양한 디자인의 자물쇠와 함께 집에서 이불과 담요를 챙겨야 한다는 조언을 들었다. 선술집이나 식당에서 물을 마시기 전에는 독성으로부터 스스로를 보호하기 위해 물잔에 마늘 한 덩이를 집어넣어야 한다는 권고도 함께였다.

그랜드 투어의 목표는 개인적인 자기완성이었다. 여행은 세상을 발견하기 위해서가 아니라 한스 마그누스 엔첸스베르거Hans Magnus Enzensberger가 여행론에서 썼듯이 세상을 경험하기 위한 것이며, 여기서는 외국 궁정의 우아한 생활을 경험하기 위해서였다. 정치나 사회적 현실은 상당히 불편한 느낌을 동반했다. 서민들과의 만남이라? 이들은 웬만하면 거리를 두는 것이 현명한 존재라 볼 수 있다. 온갖 편의 시설을 갖춘 객실 창문 앞으로 이들이 지나가는 모습을 보는 것만으로도 충분했다. 코지마 바그너Cosima Wagner의 여행 일기를 읽어 본 사람이라면 그녀가 남편 리하르트 바그너와 함께 팔레르모의 천국 같은 정원에서 '못생기고 절뚝거리는 한 무리의 사람들' 을 만나 도망친 내용을 기억할 것이다. 그리고 게르하르트 폴트Gerhard Polt의 코미디 영화 「그 사람은 독일어로 말한다Man spricht deutsh」에 등장하는 독일인 관광객 기젤라 슈네베르거Gisela Schneeberger가 태양을 향해 눈을 찡그리며 "이탈리아에 이탈리아 사람이 없다면 얼마나 아름다울지." 라고 중얼거리며 한숨짓던 장면이 떠오를 것이다.

그러므로 여행서와 『로빈스 크루소』류의 책이 시장에 넘쳐나고 여행이 서서히 유행이 되던 시대에 적어도 귀족 사회에서 정확하게 그 반대의 문학 사조도 등장한 것은 그리 놀라운 일이 아니다. 그랜드 투어를 떠난 귀족이 나라와 국경을 넘어여행을 하면서도 그전과 같이 차를 마시고 집에서 읽던 책을 읽으며 바깥세상에서 일어나는 일을 거의 눈치 채지 못했다. 그 동안 프랑스 작가 그자비에 드 메스트르Xavier de Maistre는 자신만의 여행 방법을 발명했는데, 이 여행에는 2연발 권총 대신 슬리퍼 한 켤레만 필요했다.

『내 방 여행하는 법Voyage autour de ma chambre』은 1794년에 출간된 두께가 얇은 베스트셀러 책 제목이기도 하다. 내용은 간단하다. 이 책의 저자는 42일간의 가택 연금 기간에 오랫동안 꿈꾸어 온 계획을 실행에 옮긴다. 즉 자신의 방을 여행하며 아무엇도 일어나지 않는 것에 대해 이야기하는 것이다.

그자비에 드 메스트르는 여행 회피자도 소파에서 늘 빈둥거리는 사람도 아니었다. 오히려 그는 상당히 세련된 취향을 가진 모험가였다. 23세 때 항공술에 관심을 보였고 친구와 함께 미국으로 비행하려는 계획을 세우고 커다란 종이 날개를 이용한 비행기를 만들었다. (물론 실패했다.) 이후 그는 형이자 정치 이론가인 요제프 드 메스트르Joseph de Maistre와 함께 열기구 비행을 시도했다가 몇 분 후에 소나무 숲으로 추락하기도 했다. 화가이기도 했던 그는 수보로프Suvrov 장군의 군대를 따라 러시아 북서부로 갔다가 그곳에서 러시아 군인이 되어 파리에서 살았으며 1852년에 상트페테르부르크에서 사망했다.

하지만 『내 방 여행하는 법』에서 그는 '세상의 모든 재화와 보물을 품고 있는 천국'인 자신의 방을 돌아보는 것으로 움직임을 제한한다. 안락의자에 앉아 마치 처음 보는 것처럼 그림과 책, 가구들을 바라보면서 '하나씩 발견'해 나간다. 그의 내면에서 깨어난 기억들이 성찰의 과정을 거쳐 떠오른다. 오래된 편지들을 읽는 즐거움, 분홍과 흰색으로 이루어진 더할 나위 없이 멋진 이부자리, 음악을 들으면서 그림을 그릴 수 있다는 장점까지(마음이 텅 빈 상태로도 피아노를 연주하는 것은 가능하지만 영혼을 완전히 쏟지 않고서는 아주 간단한 것조차도 그릴 수 없다). 42일 동안 그가 들려주는 이야기와 사건들은 때로는 재미있고 때로는 장황하지도 하지만 한 가지만은 분명하다. 독특하다는 것이다.

"가장 유명한 여행은 언제든지 반복될 수 있다. 세계 지도마다 우리는 곱게 그은 여행 경로를 볼 수 있다. 그리고 대담한 이들이 개척해 놓은 발자취를 따라갈 수 있다. 하지만 『내 방 여행하는 법』은 상황이 다르다. 단 한 번만 할 수 있으며 이 세상 그 누구도 반복한다고 자랑할 수 없다." 드 메스트르는 1812년 이 소설의 신판 서문에 썼다. 그의 말이 옳다. 누구나 남극이나 미국을 여행할 수 있지만, 안락의자에 앉아 있는 동안 머릿속을 스쳐가는 것은 모두 독특한 경험으로 남아 있다. 그러니 내 방 여행은 궁극적으로 개인 여행이다.

그의 진면목을 다른 이들도 알아보았다. 그자비에 드 메스트르는 많은 후계자를 배출했는데 콘스탄츠의 문학 평론가 베른트 스티글러Bernd Stiegler는 자신의 책 한 권을 그에 대한 이야기로 채우기도 했다. 프리드리히 다비드 야케Friedrich David Jaquet, 르네 페린René Perin, 알베르트 그리자르Albert Grisar, 아돌프 푸욜Adolphe Poujol, 에두아르트 샤이디히Edouard Scheidig 등이 그의 뒤를 이어 방으로 여행을 떠났다. 『방에서 가톨릭의 세계로 여행하기Reise eines Katholiken durch sein

Zimmer』, 『그의 방에서 이루어지는 내 사촌 여행Reise meines Vetters auf seinem Zimmer』, 카를 스테른Karl Stern의 『내 방에서의 여행Reise auf meinem Zimmer』, 『내 방에서의 새로운 여행Neue Reise in meinem Zimmer』 그리고 엠마 포콘Emma Faucon의 『젊은 여성들을 위한 내 방 여행Zimmer reise eines jungen Mädchens』 등 이 출간되었다.

이어서 『지그재그 여행Reisen im Zickzack』과 『지그재그로 하는 새로운 여행Neue Reisen im Zickzack』 그리고 『창문 너머로의 여행Reisen durch das Fenster』을 비롯하여 교회로, 바지 주머니 속으로, 지하실과 텐트로, 서랍과 도서관으로의 여행을 이야기하는 책들도 등장했다. 그중에서 특히 각광받은 책은 소피 폰 라 로슈Sophie von La Roche가 쓴 2권으로 이루어진 850쪽 분량의 『나의 글쓰기 책상Mein Schreibetisch』이다. 이 책은 개인의 풍요로운 내면을 드러내기보다는 사회가 그은 한계를 보여준다는 점에서 이후 젠더 연구가들에게 구체적인 여성 글쓰기의 한 형식으로 재발견되었다.

그동안 남성 작가들은 방에서의 여행을 자연사 탐구의 영역으로 확장시켰다. 아서 마긴Arthur Magin은 『방안에서의 과학 여행Wissenschaftliche Reise um mein Zimmer』을 시작했고 빌헬름 슐링Wilhelm Schling은 『방 안에서 지구본을 통한 전 세계 역사와 지리적 배경 여행Reise im Zimmer über den Erdball, oder Historisch-Geographische Beschreibung aller Länder und Völker des Erdballes』을 떠났다. 조지 애스턴Georges Aston은 파리의 아파트나 발코니에서 기르는 실내 식물을 주로 다루는 『실내에서의 식물 여행Reise eines Botanikers durch sein Haus mitten』을 통해 식물의 세계를 탐색했다. 파리의 몽마르트르 언덕에 있는 작은 집에서 에마뉘엘이라는 이름의 작은 원숭이와 함께 살면서 거의 700페이지에 달하는 『내 정원을 둘러보는 여행Reise um Meinen Garten』이란 책을 썼던 프랑스의 괴짜 작가 알퐁스 카Alphonse Karr는 정원 안에서 가까이에 있는 것들만 발견한 것이 아니었다. 가령 등나무 넝쿨을 보면서 '세 계단만 내려가면 나는 중국에 와 있다.'라고 생각했다. 잠시 관점을 바꾸면 일상적으로 보이는 세상이 어떻게 새로운 매력으로 다가오는지를 경험한 것이다.

멈춤을 이야기하는 이 여행 서적들은 한 가지 공통점을 지녔다. 지금껏 응시할 가치가 없다고 여기던 익숙하고 늘 곁에 있는 것들에 담긴 이질성을 탐구하는 것이다. 또한 우리가 여행에서 얻는 즐거움은 목적지 자체보다는 여행지를 대하는 태도에서 오는 것이 더 크다는 깨달음을 담고 있다. 우리가 마음을 열고 가까이 눈을 맞추고 유연한 자세로 임하면,

그 지역 사람들이 하찮게 여기는 것들을 소중히 여기고 그들의 일상에 깃든 특별함을 알아챌 수 있으면 모든 여행은 흥미진진해질 것이다. 밖으로 한 걸음도 나서지 않을지라도.

위대한 연구자이자 탐험가였던 알렉산더 폰 훔볼트 Alexander von Humboldt는 1801년 남미 탐험에서 쓴 노트에 여행의 원천에 대해 다음과 같이 썼다: "지루한 일상생활에서 멋진 세계로 옮겨가고 싶은 막연한 갈망으로 인해 나는 질주했다." 그와 동시대에 살았던 방 여행자들은 훔볼트의 일상이 싱겁고 지루한 것은 그의 잘못이며 진정한 탐험 정신은 새로운 깨달음을 얻기 위해 미지의 땅을 여행하는 것이 아니라고 대답했을 것이다. 『실내에서의 식물 여행』에서 조지 애스턴은 말했다. "수천 종의 다양한 식물들을 찾기 위해 멀리 갈 필요는 없다. 좁은 공간에 틀어박혀서 가능한 한 철저한 방법으로 끝까지 꼼꼼하게 보이는 현상을 탐구하는 것이 더 견고하고 진지한 연구 방법일 수 있다." 어쩌면 그는 자신의 판단이 더할 나위 없이 옳다는 것을 인정받을 때가 오리라고 짐작하지 못했을 것이다. 하지만 실제로 오늘날에는 제초제를 비롯하여 다양한 화학 성분을 경작지 전체에 살포하여 너른 유채꽃 밭 위에 나비 한 마리 날지 않고, 딱정벌레 한 마리 윙윙거리지 않는 농촌 지역도 많다. 이를 감안하면 오히려 도시의 생물 다양성이 더 높을 수 있다.

수년이 지난 후, 그자비에 드 메스트르는 토리노의 다락방에서 이제 유명해진 방 여행을 계속했다. 1825년에 『내 방을 둘러싼 야행성 발견 항해Dachzimmer in Turin: Die Nächtliche Entdeckungsreise um mein Zimmer』를 출간했다. 그는 사다리를 타고 올라가서 창틀에 걸터앉아 밤하늘의 별을 바라보며 머릿속을 비행한다. 밤하늘의 아름다움을 보면서 그는 일상적인 이 장관이 흔히 무시된다는 사실에 한탄한다. "지켜보는 사람이 얼마나 적은가…중략…무심한 사람들에게 하늘이 보여주는 이 장엄한 광경을 나와 함께 즐겨보자. 잠이 든 사람은 어쩔 수 없다. 하지만 거리를 돌아다니는 사람들, 떼를 지어 극장 밖으로 나오는 사람들이 잠시 눈을 들어 머리 위에서 사방으로 찬란하게 빛나는 별자리에 감탄하는 데 무슨 값을 치른단 말인가!' 드 메스트르는 우리는 항상 존재하고 저절로 주어지는 것을 쉽게 무시한다는 결론에 이른다. 그러한 것들에 별로 놀라지 않는 세상에서 이는 매우 자연스러운 현상이다.

휴가 중 하루나 오후를 이용하여 자신이 사는 집을 돌아다니는 여행을 시작한 사람이라면, 몇 발걸음을 움직여서 이토록 충실하고 조용히 자신의 삶을 채우는 물건들을 바라보고 손끝으로 만져 본 사람이라면 18세기와 19세기의 방 여행객들을 그토록 매료케 한 것이 무엇이었는지를 금방 이해할 것이다. 일상생활의 혼잡함 속에서 우리는 대체로 자신을 둘러싼 가까운 환경을 알아차리지 못하며 살아간다. 분명 집을 아름답게 꾸미기 위해 그토록 많은 애를 써 왔음에도 말이다. 시중에는 위생 관련 서적과 인테리어 책이 가득한 데다 빈티지한 안락의자를 보면 심장이 뛰지 않을 사람은 없다. 하지만 보통 사랑에 빠진 느낌은 그다지 오래가지 않는다. 싱싱한 꽃다발과 벼룩시장에서 최근에 발견한 조명, 지난 생일에 받은 꽃병 등에 우리는 여전히 관심을 기울이지만 그 효과는 잠시 후면 사라지고 새로운 것은 낡기 마련이다. 우리의 시선은 수년 동안 놓여 있던 모든 물건과 마찬가지로 무심히 그것들 위를 스쳐갈 것이다. 협탁은 마치 첫날처럼 여전히 아름답지만, 간절히 원했든 그렇지 않든, 그게 얼마나 비싸고 힘들게 얻은 것이든 우리는 쉽게 중요성을 잊고 만다.

하지만 우리가 방 여행자의 시선으로 그 많은 물건을 다시 들여다볼 때, 가게에서 처음 마주했거나 물려받거나 선물로 받은 뒤 호기심에 차서 들여다볼 때, 손에 올려놓고 뒤집어 보거나 무게를 달 때 그 물건들은 다시 살아난다. 그리고 우리가 오랫동안 잊었던 이야기를 들려주고 오래전에 사라졌다고 생각했던 시간들을 이야기해 주는 오랜 단짝 친구가 된다.

저기 복도의 화장대 위에 놓인 나의 첫 번째 운동화를 보자. 붉은 가죽으로 만든, 신발 끈이 먼지로 뒤덮인 작은 신발. 이 신발들이 정말로 한때 내 발에 맞았다고? 내가 저걸 신고 뛰어다니고 넘어지고 점프하고 깡충깡충 뛰었을까? 내가 정말로 한때는 어린아이였던가? 서랍장 맨 뒤에 넣어 둔 은도금 그림 액자. 나는 아직도 그게 어디서 났는지 정확하게 기억한다. 파티에서 남편의 사업 친구들이 점점 술에 취해 갈 때 그들의 잔에 와인을 채워 준 것에 대한 감사의 표시로 친구 어머니가 준 선물이었다. 이미 온갖 종류의 사진을 끼워서 사용했지만 지난 몇 년간은 사진을 바꾸지 않았다. 내가 후원하던 어린 인도 승려의 사진인데, 부모가 아들이 학교에 가는 것보다는 바쁜 농사일을 돕는 게 더 급하다며 사원에서 집으로 도로 데리고 가 버렸다. 그 어린 스님은 어떻게 되었을까? 내 사회적 공헌은 어떻게 되었을까?

저기 부엌에 작은 식탁이 있다. 수년 전 '무료 나눔'이라는 쪽지가 붙은 채 길 한쪽에 놓여 있었는데 그 후로 줄곧 내 삶에 동행했다. 그것은 금이 가고 상판은 불룩해졌으며 벌레 구멍이 하늘의 별보다도 많이 나 있지만, 나에겐 여전히 완벽한 물건이다. 언젠가 버릴 때가 되면 나는 울고 말 것이다. 또한 10년 전에 담배를 끊고도 여전히 서랍 안에는 담배가 들어 있다. 담배 한 대를 갈망할 손님을 위해 남겨 둔 것이다. 하지만 이제 그 누구도 담배를 피우지 않고 남은 극소수의 흡연자들은 마치 사막에 가기 전에 물을 챙기는 것처럼 반드시 집에서 담배를 챙겨 나온다.

나는 뮌헨 남쪽의 재활용 센터에서 발견한 1950년대에 만들어진 놀Knoll 안락의자에 잠시 앉았다. 위층에 사는 K와 B가 침대에 누울 때마다 이베이에서 산 조개 장식이 달린 조명이 달랑거린다. 냉장고 문 위에 작은 자석으로 붙여 놓은 여러 장의 레시피, 그중에는 아직 시도해 보지 않은 것도 있다.

그렇게 여행은 계속되며, 어느 집에서나 이 여행은 이어질 수 있다. 물건들은 때로 비슷하지만 구입한 가게는 다를 수 있다. 해변에서 산책하다가 마음을 뺏겨서 주워 온 자갈과 조가비들, 어떤 연대기보다도 풍요로운 가족의 역사가 담긴 물려받은 은색 귀걸이, 한 번도 연락해 보지 않은 누군가에게서 받은 명함.

까맣게 잊었던, 우리의 젊은 시절 사진들로 가득 찬 상자, 그 사진들은 우리가 과거에 어떤 사람이었는지를 다시금 보여준다. 편지로 가득 차 있는 상자도 있다. 한때 우리가 가졌던 꿈과 우리를 괴롭혔던 두려움, 한때 우리가 품었던 감정들이 고스란히 그 안에 담겨 있다.

내 방 여행은 책장에서 끝이 난다. 읽고 나서는 거의 기억 저편으로 사라진 듯 보이지만 내 안 어딘가에 파묻혀서 흔적을 남긴 책의 뒷면을 나는 손끝으로 만져 본다. 기나긴 기차 여행 도중에 읽었던 시집, 책을 펼치면 지중해의 모래가 쏟아져 나오는 범죄 소설들, 모두 같은 시절에 읽었던 소설, 예술과 정치학 책들, 페미니즘에 관한 고전과 요리책 그리고 와인에 관한 책들, 팔레르모와 나미비아 공화국 그리고 남부 프랑스 여행 가이드, 이탈리아의 슬로푸드 가이드.

긴 책장 한가운데서 여행 도중에 내가 가장 많은 지식을 얻은 알렉산더 폰 훔볼트의 전기를 발견한 것은 그저 우연만은 아닐 것이다. 5년간의 남미 여행에 대해 30권짜리 보고서를 쓸 수 있는 인물이 그 말고 또 누가 있을까? 나는 책을 훑어보기 시작했다. 그리고 한 사람이 이루어 낸 그 모든 일에 대해 놀라움을 금할 수 없었다. 훔볼트는 화산에 올랐고 스텝 지역을 횡단했으며 정글에서 재규어와 마주치기도 했다. 오리코노강에서 배가 뒤집어지는 사고를 당하기도 했는데 수영선수는 아니었지만 여하튼 살아남았다. 그는 자기 적도를 발견했고 수천 종의 식물을 식별했으며 아마존 부족들의 의식을 연구하고, 고도와 기압이 식물에 미치는 영향을 파악했다. 해류이론을 발전시키기도 하고, 당시 세계에서 가장 높은 산으로 알려진 6,300미터 높이의 침보라소산을 연구하기도 했다.

나는 방 여행자로서 훔볼트의 노고를 기록한 책을 손에 들었지만, 어떤 미지의 종도 발견할 수 없다는 사실을 인정해야 했다. 어떤 외국 문화도 직접 경험하지 못하며 분명 그것에 대해 조사도 할 수 없다. 하지만 언뜻 보기에는 마치 멀리 있는 사람처럼 낯설고 괴이하게 느껴지기도 하는 아파트 모퉁이의 지저분한 공간이나 서랍 속에 널브러져 있는 온갖 잡동사니와 삶의 퇴적물 틈 속에서, 우리는 무엇인가를 발견하기도 한다. 가령 미래에 대한 희망과 현재의 걱정거리 사이에서 완전히 잊고 살던 과거의 자신, 그리 오래되지 않은 자신의 모습을 발견하는 것이다. 이토록 평범한 휴가에 발견한 것치고는 결코 소소하지 않다.

우리가 집에서
얻을 수 있는 것

성을 습격하고 통치하고 백성을 다스리는 일
은 대단한 업적이다. 그러나 욕하고 웃고 팔
고 지불하고 사랑하고 증오하고 가까운 사람
과 함께 온유하고 정당하게 살아가는 것, 자
신에게 태만하지 않고 스스로를 속이지 않는
것이 훨씬 더 특별하고 귀하며 진실하다.

——— 미셸 드 몽테뉴

휴가는 모두 어느 순간 끝이 난다. 우리가 무엇을 발견하고
경험했든, 우리가 지구를 한 바퀴 날아다녔든, 집에 머물렀든
상관없다. 일상생활이 다시 우리를 향해 차가운 손가락을 뻗
는다. 우리는 일상으로, 직장으로 돌아가 일을 해야 한다. 그
러나 어쩌면 이 복귀가 그리 나쁜 것만은 아닐지도 모른다.

휴가 여행은 보통 두 부분으로 나눈다. 하나는 휴가지에 도
착해서 여기저기를 탐색하고 배운 다음 그것에 익숙해지는
것이다. 일상의 리듬을 되찾고 가장 좋아하는 장소를 발견하

고, 항상 가는 레스토랑에서 제일 좋은 자리가 어디인지를 점찍는 것이다. 물론 다른 좌석에 앉을 때도 있지만 말이다. 이는 자신이 방문한 장소와 인연을 맺고 서서히 서로를 알아가는 단계라고 할 수 있다.

하지만 곧바로 나머지 절반이 따라온다. 휴가는 결국 끝나고 '당신이 마지막으로 해야 할 몇 가지'를 남겨둔 시간이 다가온다. 이 카페에서 보내는 마지막 시간, 이 시장에서 보내는 마지막 시간, 이 아이스크림 가게에서 먹는 마지막 아이스크림, 이 바다에 마지막으로 몸을 담그는 시간.

그 모든 활동에는 이제 슬픔이 녹아 있다. 춥고 짜증나는 겨울의 모국으로 돌아가야 하고, 일상을 보내는 사무실의 작은 탕비실로 돌아가야 하고, 월간 계획표와 우편함과 우산이 있는 곳으로 돌아가야 하기 때문이다. 우울함은 재빨리 출발의 고통으로 바뀐다. 마지막 바다의 풍경, 택시의 백미러를 통해 서서히 멀어지는 호텔과 도시, 지난 2주간의 빛에 서서히 바래고 멀어지는 여행지의 아름다움. 수평선 위에 있는 공항은 당신이 사는 도시의 공항을 떠올리게 한다. 탑승 수속대 앞에 줄을 서 있으며, 곧바로 탑승구를 찾지 못해 헤매며, 보안 절차를 거치며 다시 서서히 밀려드는 스트레스.

얼굴은 여전히 그을리고 몸은 회복되었으며 이국적인 이

미지와 맛과 냄새로 가득 차 있지만, 더 이상 이 상태를 유지할 수 없다. 휴가 기간 동안 우리가 마주한 것들은 이제 떠나보내야 한다는 서글픈 확신이 이미 우리 안에 퍼져가고 있다. 휴가의 선탠 자국이 사라지기 전에 느긋함은 사라질 것이다. 그토록 특별해 보이던 사진들은 이제 컴퓨터 밑바닥에 가라앉아 있다. 그리고 우리가 시장에서 사서 한 번 사용하고 부엌 찬장에 넣어 둔 향신료는 서서히 그 향을 잃고 언젠가는 쓰레기통으로 들어가 커피 거름종이와 갈색 바나나 껍질 사이로 흩어질 것이다. 결국 그 기억마저도 희미해져서 두세 개의 이미지로 걸러지고 졸아들 것이다. 우린 다 알고 있다.

하지만 이번에 당신은 집에 있다. 여행에서 돌아오는 데 택시나 비행기를 탈 필요가 없다. 짐이나 기념품을 가져오지 않아도 된다. 멋지게 선탠을 하지는 않았지만 손은 넉넉하게 비어 있어서 많은 것을 가질 수 있다. 산만함과 서두름으로 우리를 압박하는 일상생활의 요구에 맞설 수 있는 비장의 무기 혹은 삶을 조금 더 나아지게 하는 기술 말이다. 집에 머무는 사람은 독특한 기회를 얻기 때문이다. 자신의 삶 안에 제2의 삶이, 지금까지 줄곧 존재해 왔던 평행 세계가 있다는 것을 알게 되는 기회 말이다. 저기에 때로는 닫혀 있지만 완전히 잠기지 않은 방이 있어 깊은 숨을 들이쉬거나 휴식하고 싶을 때, 자신을 바꾸거나 관점을 바꾸고 싶을 때 언제라도 들어갈 수 있다는 사실을 알았다. 이 방은 어느 방향에서나 갈 수 있다. 예를 들어, 직장의 점심시간을 하루쯤 연장하여 애피타이저부터 디저트까지 푸짐한 점심을 먹을 수 있다. 집에서 우리는 순간순간 자신을 둘러싸고 있는 때론 너무나 익숙한 것들을 신선하게 바라보고, 그들이 얼마나 오랫동안 조용하고도 충실하게 우리 곁에 있었는지 경탄할 기회를 얻을 수 있다. 일상의 흐름 속에서 누구나 한 번쯤 사로잡히는 외로움의 급류에 빠져들 때, 한 번쯤 지하철을 그냥 떠나보내고 스쳐 가는 기차에서 나오는 바람과 진동에 몸을 맡겨 보라. 그리고 천천히 계단을 올라가 한두 정거장 정도를 걸어가는 것이다. 걸음은 앞으로 나아가지 못할 만큼 너무 느려서도, 오로지 목표에 도달하기 위한 것인 양 빨라서도 안 된다.

주말이면 때때로 시골로 여행을 가서 기적의 자연이 주는 혜택을 누려 보라. 무관심했던 도시에 대해 좀 더 알고 싶으면 시티 투어를 예약하는 건 어떤가? 휴대폰을 하루 동안 꺼 놓고 자유를 느끼는 것도 사실 그리 어렵지 않다. 일요일 아침에 아무것도, 절대 아무것도 하지 않고 얼마나 오랫동안 침대에 누워 있을 수 있는지 시험하는 것만큼 쉬운 일도 없다.

아무리 일상이 우리를 통제하고, 스트레스가 우리를 갉아 먹고 삶이 악취를 풍긴다 해도 언제나 가능한 일이 또 있다. 고개를 들어 하늘을 바라보는 일이다. 어쩌면 지금 이 순간에도, 사업과 예술, 정치와 인터넷의 뉴스 사이트, 일기예보와 주식 시장의 북적거림 속에서도, 인간 세상의 바쁜 경쟁 속에서도, 붉은빛이 도는 코끼리 구름 한 마리가 하늘을 가로지르며 당신을 향해 미소를 보내고 있을 것이다.

참고문헌

Alain de Botton: *Kunst des Reisens*, Frankfurt am Main 2002

Alan Weisman: *Die Welt ohne uns. Reise über eine unbevölkerte Erde*, München 2007

Alfred Döblin: *Man sollte einmal ein Lexikon dummer Behauptungen zusammenstellen*, in: ders.: *Die Zeitlupe. Kleine Prosa. Aus dem Nachlass zusammengestellt von Walter Muschg*, Freiburg 1962

Allan Jenkins: *Wurzeln schlagen*, Reinbek 2018

Andrea Wulf: *Alexander von Humboldt und die Erfindung der Natur*, München 2016

Anke Sparmann: *Draußen sein, in: Zeitmagazin* Nr. 20/2017, 10.5.2017

Anne Kretzschmar und Matthias Schmelzer: *Jeder, der fiegt, ist einer zu viel*, online: www.zeit.de/wissen/umwelt/2019-05/fugverzichtklimapolitik-emissionen-verantwortung-privileg

Attilio Brilli: Als *Reisen eine Kunst war. Vom Beginn des modernen Tourismus: Die «Grand Tour»*, Berlin 1997

Barbara Höfler: *Räumt endlich auf! Eine Japanerin will uns Ordnung beibringen*, in: *NZZ* am Sonntag, 26.1.2019

Bernd Stiegler: *Reisender Stillstand. Eine kleine Geschichte der Reisen in und um das Zimmer herum*, Frankfurt am Main 2010

Bertram Weisshaar: *Einfach losgehen. Vom Spazieren, Streunen, Wandern und vom Denkengehen*, Köln 2018

Björn Kern: *Das Beste, was wir tun können, ist nichts*, Frankfurt am Main 2016

Blaise Pascal: *Pensées*, versch. Ausgaben

Byung-Chul Han: *Lob der Erde. Eine Reise in den Garten*, Berlin 2018

Christian Hönicke: *«In zehn Jahren sind unsere Städte komplett zerstört». Tourismusmanager warnt vor Overtourism*, in: *Der Tagesspiegel*, 21.11.2018

Christian Krekel, Jens Kolbe und Henry Wüstemann: *The Greener, The Happier?* in: *Ecological Economics* 121 (2016), S. 117-127

Claude Lévi-Strauss: *Mythologica I. Das Rohe und das Gekochte*, Frankfurt am Main 1976

Clemens G. Arvay: *Biophilia in der Stadt. Wie wir die Heilkraft der Natur in unsere Städte bringen*, München 2018

Cosima Wagner: *Die Tagebücher*, 2 Bände. Ediert und kommentiert von Martin Gregor-Dellin und Dietrich Mack, München/Zürich 1976-1977

Daniel Schreiber: *Zuhause. Die Suche nach dem Ort*, an dem wir leben wollen, Berlin 2017

David Wallace-Wells: *The Uninhabitable Earth. A Story of the Future*, London 2019

Dinah Deckstein, Lothar Gorris u.a.: *Nix wie weg!*, in: *Der Spiegel*, Nr. 33, 11.8.2018, S. 12-21

Franz Hessel: *Spazieren in Berlin*, Berlin 2011

Frédéric Gros: *Unterwegs. Eine kl. Philosophie d. Gehens*, München 2010

Friedrich Nietzsche: *Menschliches, Allzumenschliches*, Werke in drei Bänden, hg. v. Karl Schlechta, Darmstadt 1994

Gavin Pretor-Pinney: *Wolkengucken*, München 2006

Georg Simmel: *Soziologie der Mahlzeit*, in: ders.: *Brücke und Tür. Essays des*

Philosophischen zur Geschichte, Religion, Kunst und Gesellschaft, Stuttgart 1957, S. 243-250

Hans Magnus Enzensberger: *Eine Theorie des Tourismus*, in: ders: *Einzelheiten*, Frankfurt am Main 1962, S. 147-168

Hellmuth Karasek: *Billy Wilder. Eine Nahaufnahme.* Aktualisierte und erweiterte Fassung, Hamburg 1992

Horst Hammitzsch: *Zen in der Kunst des Tee-Wegs*, Bern/München/Wien 1958 und 1977

James Lovelock: *Nuclear power is the only solution*, in: *Independent*, 24. Mai 2004

Jo Barton und Jules Pretty: *What Is The Best Dose of Nature and Green Exercise for Improving Mental Health? A Multi-Study Analysis*, in: *Environmental Science and Technology*, 44, Nr. 10 (2010), S. 3947-55

Joris-Karl Huysmans: *Gegen den Strich*, Stuttgart 1992

Joseph Imrode und Erik Wegerhof (Hg.): *Dreckige Laken. Die Kehrseite der ‹Grand Tour›*, Berlin 2012

Karolin Steinke: *Einst und Jetzt. Berlin-Schöneberg*, Berlin 2015

Keith Waterhouse: *The Theory and Practice of Lunch*, London 1986

Lin Yutang: *On Lying in Bed*, in: *The Importance of Living*, New York 1937, 1965, S. 200-204

Ludwig Fels: *Mein Land. Geschichten*, Darmstadt/Neunried, 1978

M.Kowalski, B. Majkowska-Wojciechowska et al.: *Prevalence of Allergy, Patterns of Allergic Sensitization and Allergy Risk Factors in Rural and Urban Children*, in: *Allergy*, Nr. 62 (9), Sept. 2017, S. 1044-1050

Manfred Lenzen, Ya-Yen Zun et al.: *The carbon footprint of global Tourism*, in: *Nature Climate Change 8* (2018), S. 522-528

Marc G. Berman, John Jonides und Stephen Kaplan: *The Cognitive Benefits of Interacting with Nature*, in: *Psychosocial Science*, 19, Nr. 12(2008), S. 1207-1212

Marco d'Eramo: *Die Welt im Selfe. Eine Besichtigung des touristischen Zeitalters*, Berlin 2018

Mark Twain: *Die Arglosen im Ausland*, Frankfurt 1996

Michael Pollan: *Kochen*, München 2014

Michael Thomas Röbitz und Ralf Schmiedecke: *Berlin-Schöneberg. Nicht nur «wie einst im Mai»*, Erfurt 2005

Michel de Montaigne: *Essais*, versch. Ausgaben

Paul Lewis: *«Our minds can be hijacked»* in: The Guardian, 6.10.2017

Peter Eichhorn: *Der Kurfürstendamm. Ein Bummel über Berlins legendären Boulevard*, Berlin 2011

Pitigrilli: *Kokain*, Reinbek 1988

Qing Li: *Die wertvolle Medizin des Waldes*, Reinbek 2018

Ralph Waldo Emerson: *Conduct of Life*, 1860

Ralph Waldo Emerson: *Self-Reliance*, 1848

Reinhard Wolf: *Auf Schiene verreisen-oder gar nicht*, in: taz, 17.11.2018

Richard Louv: *Das Prinzip Natur. Grünes Leben im Digitalen Zeitalter*. Mit einem Vorwort von M.Braungart und R.Kahl, Weinheim/Basel 2012

Richard Wrangham: *Feuer fangen. Wie uns das Kochen zum Menschen machte-eine neue Theorie der menschlichen Evolution*, München 2009

Robert Walser: *Der Spaziergang*, in: ders., *Sämtliche Werke in Einzelausgaben*, hg. v. Jochen Greven, Band 5, Der Spaziergang, Prosastücke und Kleine Prosa, Frankfurt am Main 2001

Roland Barthes: *Das Reich der Zeichen*, Frankfurt am Main 1981

Roland Barthes: Mut zur Faulheit, in: ders.: *Die Körnung der Stimme. Interviews 1962-1980*, Frankfurt am Main 2002, S. 367-374

Rüdiger Dingemann und Renate Lüdde: *Endlich Ferien! Wie die Deutschen das Reisen entdeckten*, München 2007

Sigmund Freud: *Unser Herz zeigt nach dem Süden. Reisebriefe 1895-1923*, hg. v. Christfried Tögel und Michael Molnar, Berlin 2003

Stefanie Kara: *Ist da jemand? Wissenschaftler erforschen die Nachbarschaft*, in: Die Zeit, Nr. 50/2016, 1. Dezember 2016

Susanne Kippenberger: *Geschenk des Himmels*, in: Der Tagesspiegel, 28.10.2018, S.7

Thomas Mann: *Meerfahrt mit Don Quijote*, Wiesbaden 1956. Aus: Ders., *Gesammelte Werke in dreizehn Bänden. Band IX, Reden und Aufsätze 1*. © S. Fischer Verlag GmbH, Frankfurt am Main 1960, 1974

Tom Hodgkinson: *Anleitung zum Müßiggang*, Berlin 2013

Tristan Harris: *How Technology is Hijacking Your Mind-from a Magician and Google's Design* Ethicist, online: www.tristanharris.com/essays/

Udo Lindenberg: aus dem Song *Mein Ding*, Text: Udo Lindenberg, Musik: Jörg Sander, Sandi Strmljan, 2008

Ulrich Schnabel: *Muße. Vom Glück des Nichtstuns*, München 2010

Wald als «Naturpille». Schon 20 Minuten im Grünen senken Stresslevel, in: FAZ, 7.4.2019

Walter Benjamin: *Das Passagen-Werk*, 2 Bände, hg. von Rolf Tiedemann, Frankfurt am Main 1982

Werner Broer et al.: *Kammerlohr. Epochen der Kunst. Band 4: 19. Jahrhundert. Vom Klassizismus zu den Wegbereitern der Moderne*, München 1994

Wilhelm Waiblinger: *Die Briten in Rom*, in: ders.: *Werke und Briefe. Textkritische und kommentierte Ausgabe in fünf Bänden*, hg. v. Hans Königer. Band 2, Erzählende Prosa, Stuttgart 1981, S. 409-518

Winfried Löschburg: *Kleine Kulturgeschichte des Reisens*, Leipzig 1997

Xavier de Maistre: *Die Reise um mein Zimmer*, Berlin 2011

호텔 대신
집에 체크인합니다

초판 1쇄 인쇄 2020년 11월 9일
초판 1쇄 발행 2020년 11월 16일

지은이 해리어트 쾰러
옮긴이 이덕임
펴낸이 이범상
펴낸곳 (주)비전비엔피 · 애플북스

기획 편집 이경원 차재호 김승희 김연희 고연경 황서연 김태은 박혜나
디자인 최원영 이상재 한우리
마케팅 이성호 최은석 전상미
전자책 김성화 김희정 이병준
관리 이다정

주소 우) 04034 서울특별시 마포구 잔다리로7길 12 (서교동)
전화 02) 338-2411 | **팩스** 02) 338-2413
홈페이지 www.visionbp.co.kr
인스타그램 www.instagram.com/visioncorea
포스트 post.naver.com/visioncorea
이메일 visioncorea@naver.com
원고투고 editor@visionbp.co.kr

등록번호 제313-2007-000012호

ISBN 979-11-90147-34-7 03190

이 도서의 국립중앙도서관 출판예정도서목록(CIP)은 서지정보유통지원시스템 홈페이지(http://seoji.nl.go.kr)와
국가자료종합목록 구축시스템(http://kolis-net.nl.go.kr)에서 이용하실 수 있습니다. (CIP제어번호 : CIP2020044140)